Ferdinand Rudolph Jaboby

Die französischen Pferde-Racen, ihre Charakteristik und Bezugsorte

Ferdinand Rudolph Jaboby

Die französischen Pferde-Racen, ihre Charakteristik und Bezugsorte

ISBN/EAN: 9783743333048

Hergestellt in Europa, USA, Kanada, Australien, Japan

Cover: Foto ©ninafisch / pixelio.de

Ferdinand Rudolph Jaboby

Die französischen Pferde-Racen, ihre Charakteristik und Bezugsorte

Die französischen Pferde-Racen,
ihre Charakteristik und Bezugsorte.

Für Pferdefreunde und Pferdezüchter

bearbeitet nach

französischen Quellen und eigenen Erfahrungen

von

Dr. F. R. Jacoby,

Königl. Preuß. Regierungs Departements Thierarzt in Erfurt, technischer Director des Mitteldeutschen Pferdezucht Vereins.

Erfurt, 1867.
Keyser'sche Buchhandlung.
(E. R. Thomaß.)

Dem

unter dem Protectorate Sr. Hoheit des Herzogs
Ernst II. von Sachsen, Coburg und Gotha stehenden

Mitteldeutschen Pferdezucht-Verein

gewidmet

vom

Verfasser.

Vorrede.

Das überall hervortretende Bedürfniß nach starken, ausdauernden Pferden zu landwirthschaftlichen Zwecken war die Veranlassung, daß sich hier unter dem Protectorate Sr. Hoheit des Herzogs von Sachsen, Coburg und Gotha vor vier Jahren der Mitteldeutsche Pferdezucht Verein bildete, welcher die Beschaffung von geeignetem Zuchtmaterial in den Vordergrund seines Programms stellte. Auf Anregung des hohen Protectors, der bekanntlich Selbst ein ausgezeichneter und gründlicher Pferdekenner und Pferdezüchter ist, wurden zunächst eine Anzahl Percherons Stuten, später ebenfalls durch Vermittelung Sr. Hoheit entsprechende Hengste eingeführt, und so fort und fort in dieser Richtung gewirkt. Reiche Erfahrungen haben nun seit jener Zeit die vorzüglichen Eigenschaften der französischen und verwandten Zug-Racen bestätigt und sie zu Lieblingen vieler Landwirthe gemacht. In der Erfurter Gegend giebt es jetzt eine Menge selbst kleiner Oeconomen, die sich dergleichen Pferde angeschafft haben und noch ist Keiner aufgetreten, der von ihnen nicht des Lobes voll gewesen wäre. Daher werden auch die zum Decken aufgestellten Percheronshengste, sowie ein vortrefflicher, von Sr. Hoheit auf der Hamburger Ausstellung angekaufter und bereitwilligst überlassener Suffolkhengst, von den Stutenbesitzern eifrig begehrt.

Bei dem großen Interesse für Frankreichs Pferderacen wird der Mangel eines Werkes über dieselben von dem Züchter und Pferdeliebhaber mit Bedauern empfunden. „Was versteht man unter Percherons, Anglo-Normannen, Caenner Pferde u. s. w., wo sind sie zu Hause und welches sind ihre Bezugsquellen?" hört man alle Tage fragen. Wir besitzen zwar in der deutschen Literatur einige zerstreute Aufsätze und auch von Graefe eine größere Abhandlung über den Percheron, jedoch ein selbstständiges Werk, das eine Beschreibung aller französischen Pferderacen im Zusammenhange giebt, ist mir nicht bekannt, und auch die französische Literatur bietet in dieser Beziehung wenig Ausführliches dar. Um nun dem oft gehörten Wunsche nachzukommen, habe ich mich zu der Herausgabe vorliegender Arbeit entschlossen und dazu, neben französischen Quellen, meine eigenen, auf einer Reise nach dem nordwestlichen Frankreich gemachten Beobachtungen und Erfahrungen benutzt. Man wird darin Alles finden, was als Anhaltspunkte für das Studium der französischen Pferderacen dienen kann; auf ihr Vorkommen und ihre Bezugsorte habe ich deshalb besondere Rücksicht genommen, weil ich gleichzeitig damit beabsichtige dem nach Frankreich reisenden Pferdeliebhaber einen Leitfaden zu geben. Aus demselben Grunde ist auch in den Anmerkungen die jetzige Eintheilung der alten französischen Provinzen angeführt worden.

Ich würde mich freuen, wenn ich durch diese Arbeit zur Erfüllung der schönen Aufgabe, die sich der Mittelbeutsche Pferdezucht Verein gestellt hat, weiter beitragen könnte!

Erfurt, im März 1867.

Dr. Jacoby.

Inhalt.

	Seite
Einleitung	1
I. Arbeitsrassen	**3**
Pferde der Bretagne	5
Percherons	11
Pferde der Provinz Berry	18
Pferde aus Poitou	20
Normännische Klepper	24
Pferde von Auge (Caenner Pferde, Pferde von Vire)	27
Boulogner Pferde (Cauxer Pferde)	29
Flandrische Pferde	32
Pferde der Picardie	33
Ardenner Pferde	36
Lothringer Pferde	39
Elsasser Pferde	41
Pferde der Champagne	43
Burgunder Pferde	45
Pferde aus Nivernais	47
Pferde der Comté	49
Pferde von la Dombes	52
Pferde der Dauphiné	55

	Seite
II. Kutsch- und Reitpferde	57
Normännische Pferde (Anglo-Normannen)	59
Pferde aus Conquet	65
Pferde aus Carhaix	67
Pferde aus St. Gervais	68
Pferde der Vendée	70
Limousiner Pferde	72
Pferde aus Navarra	75
Pferde aus Ariége	78
Pferde der Auvergne und Rouergue	80
Pferde der Camargue	81
Pferde aus Algier	82
Die Pferde, welche vorzugsweise zur Kreuzung mit französischen Racen benutzt werden	86
Das englische Vollblutpferd	86
Das orientalische Pferd	92
Das französische Vollblut	100

Man theilt die französischen Pferde-Racen am einfachsten nach den Provinzen ein, in denen sie zu Hause sind. Die Ausdrücke: flandrische, normännische, bretagner Pferde ꝛc. bezeichnen somit gewisse Gruppen von Pferden, die sich durch bestimmt ausgesprochene Charactere von einander unterscheiden. Unzweifelhaft haben zwar von jeher in der Bretagne leichte und schwere Pferde, in der Normandie, Cauchois oder Caenner als Zugpferde, Cotentiner als Kutschpferde und Merleraults als Reitpferde existirt, allein jedes Land hat doch immer seinen besondern Modus der Aufzucht und seine ausgeprägten Race-Eigenthümlichkeiten. Die Thiere z. B., die größtentheils auf der Weide erzogen werden, tragen gewiß stets den Stempel der Bodenbeschaffenheit und des Klimas an sich.

Heutzutage sind die Racen viel weniger gleichartig als früher. Unsere Hausthiere befinden sich, wie unsere Landwirthschaft überhaupt, gewissermaßen in einem Uebergangsstadium. Die einheimischen Racen, welche sich unter dem Einflusse des Bodens und des Klimas gebildet hatten, fangen in Folge eines neuen Fütterungs- und Wartungssystems an, sich umzuändern. Eine an Stelle der Weiden immer mehr und mehr Eingang findende kräftige Stallfütterung verdrängt die alten, den Bedürfnissen nicht mehr entsprechenden Typen und verleiht den Pferden in allen Klimaten denjenigen Grad von Vollkommenheit, den man in der Jetztzeit, ebensowohl beim schweren Zugpferde, als Reitpferde beansprucht.

1

Neben der Art der Ernährung ist auch die Kreuzung von tief eingreifendem Einfluß auf die Gestaltung der neuen Racen und einer der mächtigsten Hebel, die Pferde nach und nach unter einander ähnlicher zu machen. Denn wie verschieden auch die Charactere der Stuten im Poitou, in der Bretagne oder Burgund sein mögen, wenn sie mehrere Generationen hindurch mit Percherons-Hengsten gekreuzt worden sind, so müssen die Nachkommen schließlich eine gewisse Uebereinstimmung erlangen; dasselbe wird der Fall sein, wenn man Limousiner oder Navarreser Stuten lange Zeit hindurch nur von englischen oder arabischen Hengsten decken läßt.

Endlich ist auch der Einfluß des Handels nicht zu vergessen: die Pferde der östlichen Departements werden beständig nach dem Innern und Westen gebracht, während die von den Küsten des Oceans ebenfalls nach dem Innern, und die des Nordens nach dem Süden wandern, wodurch eine stete Vermischung stattfindet. Diese Kreuzungen und Dislocirungen machen sich indeß nicht zufällig; beide bezwecken alle französischen Pferde auf drei oder vier Racen oder Typen, die dem heutigen Bedürfnisse am meisten entsprechen, zu reduciren und die alten Racen, welche den Namen ihrer heimathlichen Provinzen tragen, zum Theil zu verdrängen.

I.
Arbeits-Racen.

Die stärksten und größten hierher gehörigen, zum schweren Zuge geeigneten Pferde, werden vorzugsweise in den See-Districten, von Dünkirchen bis Bordeaux, und in den feuchten Thälern einiger großer Ströme, dagegen die leichteren Post- und Wagenpferde mehr auf den fruchtbaren Hochebenen gezogen. Wenn man sie reichlich in ihrer Jugend ernährt, so entwickeln sie sich außerordentlich schnell und können schon vor dem vollendeten 2ten Lebensjahre zur Arbeit benutzt werden. Durch ihre vortrefflichen Eigenschaften sind sie ein wahrer Schatz für die Landwirthschaft und andere Industriezwecke; sie passen überall hin und gedeihen selbst in Gegenden, die für die Pferdezucht im Allgemeinen nicht gerade günstig sind. Ihr gutmüthiges Temperament macht ihre Abwartung und den Umgang mit ihnen sehr leicht; den Fohlen genügt ein kleiner Bewegungsplatz, ein Stückchen Gartenland u. s. w., wenn sie die Mutter bei der Arbeit nicht begleiten, auch können sie mit den Kühen ohne alle Gefahr auf die Weide gehen, da sie nicht unbändig sind. Gute Nahrung entwickelt in ihnen alle ihre vorzüglichen Eigenschaften, sie gedeihen aber auch bei einer mittelmäßigen Ernährung, denn ein starker Bauch, den alle gröbern Nahrungsmittel sonst erzeugen, wird bei ihnen durch den starken Körper, weiten Brustkasten und umfangreiche Muskeln verdeckt. Daher kommt es denn auch, daß der Landwirth sie mit den ordinärsten Futterkräutern ernähren kann, für die er keine andere

Verwendung hat. Dieser Umstand ist für kleine Wirthschaften, in denen der Besitzer seine Körnerfrüchte zum eigenen Bedarfe braucht und seine Fohlen nur dürftig ernähren kann, von großer Wichtigkeit.

Die französischen Zugracen entsprechen den verschiedenartigsten Anforderungen, dem Post- und Artillerie-Dienste, dem schweren Fuhrwerke, dem Ackerbau, der Industrie ꝛc. und geben für alle diese Zwecke eine kostbare Verwendung ab. Selbst die einzelnen Racen gestatten eine verschiedene Benutzung; so liefert z. B. die Bretagner- und Percherons-Race, die ausschließlich als zum raschen Wagendienst geeignet betrachtet wird, einzelne Pferde, die besser als die Boulogner für den schwersten Zugdienst passen und umgekehrt findet man unter den starken Racen des Nordens vortreffliche Postpferde u. s. w.

1) Pferde der Bretagne*)
(chevaux bretons).

Die Pferdezucht in der Bretagne wird auf sehr verschiedene Weise betrieben. Längs des ganzen nördlichen Gestades, von Fougères bis Brest, zieht man in den meisten Communen, neben einigen großen Karrenpferden, die ausgezeichneten Postpferde, welche den Ruf der Bretagnischen Pferderacen begründet haben; ganz am äußersten Ende des Departements Finistère dagegen starke und schöne Kutschpferde, und in einigen guten Thälern der Departements Morbihan und Côtes—du—Nord vorzügliche Reitpferde ꝛc.

Da indeß die Arbeits=Pferde, und wie gesagt, besonders der Postschlag, am meisten außerhalb der Bretagne bekannt sind, so findet der Ausdruck „Bretagner Pferde" auch vorzugsweise auf diese Anwendung.

In Folge der abgeschlossenen Lage der Bretagne, welche weit in das Meer einspringt, sind die Hausthiere dort weniger gekreuzt und vermischt worden, als in den andern Provinzen, und auch der Postschlag hat sich mehr in seiner ursprünglichen Reinheit erhalten. Möglich, daß auch hierzu die vorzüglichen Eigenschaften dieser Thiere, welche den Bedürfnissen des Handels sehr gut entsprechen und von den Consumenten eifrig begehrt werden, beigetragen haben, so daß für die Züchter kein Grund vorlag, die Race

---

*) Die Provinz Bretagne zerfällt in die 5 Departements: Finistère, Côtes—du—Nord (Nordküsten), Ille—et—Vilaine, Morbihan, Loire=inférieure (Niederloire).

zu verändern. Daher haben auch, ungeachtet der mehrfachen Einführung von Racehengsten, Seitens der Regierung und verschiedener Privaten, und ungeachtet der beiden Hengstdepôts, welche zur Zeit in der Bretagne vorhanden sind, der größte Theil dieser Pferde ihren alten Typus bewahrt.

Der Schnitt der Pferde ist zwar, je nach den Oertlichkeiten, abweichend, doch findet man im Allgemeinen einen für seine Höhe etwas dicken, ziemlich langen und untersetzten Körper, runde Rippenwölbung, weiten Brustkasten, dickes, oft niedriges Widerrüst, starken Hals und einen langen Kopf. Letzterer zeichnet sich durch die breite Stirn und durch eine fast plötzliche Einschnürung unterhalb der Augen aus. Gleichzeitig erhält er durch das Hervortreten der oberen Nasenknochen ein etwas dickes Aussehen. Die Kruppe ist ebenso characteristisch; sie ist kurz, abhängig und bildet an jeder Seite eine Art Kreisbogen, der sich von der Spitze der Hüfte nach den Lenden zu erstreckt. Die Muskeln, welche diesen Bogen bilden, verdecken somit die Hüfte und machen sie wenig sichtbar. Das Bretagner Pferd gleicht durch seine verdeckten Hüften gewissermaßen dem flandrischen Pferde, von dem es aber im Uebrigen vollständig verschieden ist; bei dem Burgunder Pferde findet man gerade eine entgegengesetzte Bildung der Kruppe. Die Gliedmaßen sind öfter schwach in den oberen Parthien, die Schultern nicht gut gestellt, die Vorarme bisweilen schmal und kurz, die Sehnen nicht immer kraftvoll genug; den letzteren, sowie den Gelenken, Vorderknieen und Sprunggelenken, fehlt es auch hin und wieder an Breite. Die Hufe sind, je nach den Oertlichkeiten, wo die Thiere gezogen sind, groß oder klein. Mit einem Worte also: die Stärke der Gliedmaßen steht zu den oberen Körpertheilen nicht immer in einem richtigen Verhältnisse. Behang an den Füßen fehlt selten oder nie. Das Haar grauschimmelfarbig in der Jugend der Thiere, wird mit zunehmendem Alter weiß. Im Departement Côtes—du—Nord und Finistère kommen auch Forellenschimmel mit trockneren Beinen vor, welche Einige als den eigentlichen Typus der Race betrachten.

Von diesen angeführten Kennzeichen sind die des Kopfes und der Kruppe am meisten characteristisch. Man beobachtet sie bei allen Pferden bretagnischen Blutes und sie sind so constant, daß wenn man sie bei Pferden in der Normandie oder Perche findet, man auf eine bretagnische Abstammung schließen kann.

Die Arrondissements Brest, Morlaix, Lannion, die Gegenden von Trébahu, Plouescat, Saint=Pol=de=Léon, Paimboeuf liefern die größte Anzahl Postpferde, welche unbeschadet ihrer Tauglichkeit zu diesem Dienste mancherlei Abweichungen in ihrer Taille zeigen. Man kann die Bretagne in jeder beliebigen Richtung durchreisen, überall wird man ebensowohl Verschiedenheiten in dem Schnitt der Pferde, als in der ganzen Bodenbeschaffenheit überhaupt finden.

Obgleich die Pferde, welche sich vorzugsweise zum schweren Fuhrwerk eignen über das ganze Küstengestade zerstreut sind, so werden sie doch besonders am äußersten Ende der Halbinsel, in den Cantonen Lesneven, Gouëznon, im Côtes—du—Nord, nach Tréguier, Paimpol zu, und im Westen von Saint—Malo und Fougères, gezogen. Diese haben starke Knochen, breite Lenden, einen großen Kopf, eine massive Kruppe, kräftige Glieder, starke Mähnen, Schweif und Behang, einen langsamen Gang und sind zur Fortschaffung großer Lasten vortrefflich geeignet.

Zu den Bretagner Pferden muß man auch die sogenannten Klepper (bidets) und Doppelklepper (doubles bidets) zählen, welche man auf dem nördlichen Abhange der Provinz, in den Haiden der fünf Departements, besonders zwischen Brest und Nantes, auf den Bergen von Arez bis nach Menez, und weiter von Nantes nach Rennes zu, findet. Diese kleinen Pferde tragen die Charactere der Bretagner Postpferde, dieselbe Bildung der

Kruppe und des Kopfes an sich, sind indeß im Allgemeinen von brauner oder Fuchsfarbe, mit weißlichen oder röthlichen Mähnen und Schweif. Ihr Gang ist Paß, Halbpaß oder Trab. Ehemals waren sie als Reitklepper sehr geschätzt, heutzutage verwendet man sie ebenfalls hauptsächlich zum Postdienste. Eine große Anzahl wird nach Norden oder Süden bis nach der Auvergne und Rouergue ausgeführt.

Die Bretagne ist wesentlich ein Pferde züchtendes Land; die Mehrzahl der Fohlen, welche sie erzeugt, werden indeß in den mittleren Departements aufgezogen. So schätzt man die Zahl der Fohlen, welche jährlich allein aus dem Arrondissement Morlaix ausgeführt werden, auf circa 12,000 Stück. Diese jungen Thiere verändern, bevor sie ausgewachsen in den Handel kommen, mehrere Mal ihren Aufenthaltsort. Im Alter von 6 bis 7 Monaten werden sie zuerst von Morlaixer Landwirthen im Arrondissement Brest angekauft, die sie ein halbes bis ganzes Jahr behalten und darauf wiederum an ihre Collegen im Côtes—du—Nord, Ille—et—Vilaine u. s. w. verkaufen. Diese ernähren sie noch eine Zeit lang gut, und führen sie dann weiter nach den Departements Sarthe, Orne oder Eure=Loir aus. In letzteren wird die Aufzucht der meisten aus der Bretagne exportirten Fohlen vollendet, um später ihr Dasein bei den Posthaltern und Eilfuhrwerksunternehmern in den verschiedenen Theilen Frankreichs zu beschließen.

Hier wird also der Fohlenhandel aus andern Gründen, als in den andern Provinzen betrieben. Der Landwirth kauft keine Fohlen, um sie für seinen eigenen Bedarf groß zu ziehen; er kauft lediglich um wieder zu verkaufen, oder weil er seine eigenen verkauft hat und bei dem Handel verdienen will. Und er erreicht auch seinen Zweck, da die Fohlen, nachdem sie ihre ursprüngliche Heimath verlassen haben, in Folge der besseren Ernährung ein vortheilhafteres Aussehen erhalten, auch der Preis der Pferde im

Innern Frankreichs, wo sie nach ihrer vollendeten Körperausbildung Verwendung finden, ein höherer ist.

Nicht alle Bretagner Pferde, die in den Verkehr kommen, werden indeß als solche verkauft. Viele passiren sogar unter dem Namen **Percherons**, wenn sie längere oder kürzere Zeit in der **Perche** gehalten wurden. Nicht einmal alle in der **Bretagne** vollständig groß gezogenen Pferde behalten die Bezeichnung ihrer Heimath, sondern man sucht sie, je nach ihrem äußern Bau, für **Percherons**, **Cauxer Pferde** (cauchois) oder **Normänner** auszugeben. Viele gehen auch nach Paris; sie werden durch Mäkler, bei **Landerneau** und **Landivisiau** herum aufgekauft, nach **Hâvre** mittelst Dampfschiff an die Händler geliefert und von letzteren dann auf der Eisenbahn nach Paris gebracht, wo sie ihre Verwendung im Handel oder in der Industrie finden. Einige expedirt man noch weiter nach der **Brie**, der **Champagne** und **Burgund**. Sehr starke Bretagner Stuten benutzt man auch wohl im **Poitou** zur Maulthierzucht; sie geben sehr schöne, dauerhafte, wenn auch keine großen Maulthiere.

Von allen Fehlern der Bretagner Pferde-Race ist die periodische Augenentzündung die nachtheiligste. Die Krankheit soll angeblich vor Jahren durch Beschäler aus der **Picardie** eingeschleppt sein, doch ist dies wohl nicht richtig, denn schon ältere Schriftsteller erzählen von den Verwüstungen, welche dieselbe in der Provinz angerichtet hat. Vielmehr scheint die Ursache in der Sorglosigkeit, mit der man die Beschäler auswählt, zu liegen. Die Züchter verkaufen nämlich ihre Fohlen von der Mutter weg, also gewöhnlich ehe die Augen erkranken, und da somit ihr pecuniaires Interesse weiter nicht darunter leidet, so machen sie sich eben kein Gewissen daraus mondblinde Hengste zur Zucht zu benutzen.

Von den übrigen Fehlern, die indeß nicht gerade allgemein sind, ist die Kleinheit, die mangelhafte Bildung des Widerrüsts, der Kruppe und Schulterlage zu tadeln. Es würde somit genügen, schlecht gebildete oder an der periodischen Augenentzündung leidende Hengste von der Zucht auszuschließen, um große Verbesserungen in der Race zu erzielen. Vor allem dürfte dahin zu streben sein, die Kruppe länger und weniger abhängig, die Schultern schräger, die Beine und Vorarme länger und breiter, das Widerrüst höher, die Sehnen stärker und trockner, und wo nothwendig, die Hufe kleiner zu machen. Die Perche, die Normandie, die Provinz Berry können Hengste liefern, die ebenso passend durch die Eleganz ihrer Kruppe, Stärke und Länge des Vorarmes, als durch ihr vorzügliches Gangwerk sind, nur müßte man darunter die weniger starken auswählen, wenn man sie zur Zucht des leichteren Postschlages benutzen will. Man kreuzt jetzt auch mehrfach mit englischen, namentlich Halbbluthengsten, die durch die Depôts von Lamballe und Langonnet gestellt werden, doch scheinen diese für die niedrigen, kurzen, dicken Pferde mit ihrer mächtigen Kruppe, aus den Gegenden von Trèguier, Fougères, Saint—Malo 2c. nicht zu passen; mit diesen kann nur eine allmählige Verbesserung vorgenommen werden.

Bei Erwähnung der Anglo-Normannen wird hiervon weiter die Rede sein; zum Schluß mag indeß noch die Bemerkung gelten, daß alle Kreuzungen um so schönere Resultate geben werden, je besser man die Fohlen ernährt. Nur durch Verabreichung guten Hafers verleiht man den Pferden Ausdauer, Kraft und eine besondere Leistungsfähigkeit; dann werden auch die Kreuzungen mit Hengsten von Lamballe und Langonnet gute Früchte tragen.

2) Percherons
(chevaux percherons).

Die unter dem Namen „Percherons" bekannten Pferde kommen aus der Beauce*) und Perche. Diese letztere Provinz besteht aus der nach Norden gelegenen kleinen Perche, nach Mortagne, Regmolard, Bellesme zu, und der großen Perche, zwischen Saint-Calais und Courtalin, die Sargé, Montboubleau, Cloyes, Droué, la Bazoche ꝛc. in sich begreift.

Diese Gegenden, welche dem heutigen Departement Eure-Loir und einem Theile der Departements Loiret, Loir-Cher, Sarthe und Orne entsprechen, werden von den Geologen das Becken von Paris genannt. Sie sind indeß von sehr ungleicher Fruchtbarkeit, die sogar mit Ausnahme von einigen, vorzugsweise zum Getreidebau geeigneten Thälern und schönen Hochebenen, im Allgemeinen nicht einmal groß ist. Man findet selbst sehr bedeutende Strecken mit Sandstein und Sandunterlage, die wenig productiv sind. Hierin mag auch wohl der Grund liegen, weßhalb die älteren Schriftsteller wenig von den hierher gehörigen Pferden gesprochen haben. Der Percheron ist nicht das natürliche Product des Bodens, wie das Bretagner und Normänner Pferd; er hat sich gebildet, sobald der Mensch mit Hülfe der fortschreitenden

---

*) Ehemalige französische Landschaft im Orléannais mit der Hauptstadt Chartres, gehört jetzt zu den Departements Eure-Loir und Loir-Cher. Die Beauce (im engern Sinne) heißt die Gegend um Chartres (pays chartrain).

Bobencultur, bem natürlichen Einflusse der Weiden, einen künstlichen durch reichliche Stallfütterung hinzufügen konnte. Nicht Weiden also, sondern eine gute Fütterung und Pflege überhaupt, natürlich neben einer zweckmäßigen Paarung, bilden die Grundlage einer rationellen Pferdezucht.

Ebenso wie die Beauce ist die Perche, selbst da, wo Weiden vorhanden sind, mehr ein Land der Aufzucht, als der Selbsterzeugung. Man erzieht dort neben den einheimischen Pferden, die man hauptsächlich bei den nicht Handel treibenden Züchtern antrifft, auch Pferde anderer guter Racen, die, obgleich in verschiedenen Provinzen geboren, doch durch den Einfluß einer guten Wartung und Pflege, sowie des Klimas, eine große Aehnlichkeit unter sich erlangen.

Die schönsten Percherons besitzen nachstehende Eigenschaften, die das zu schnellen Gangarten besonders geeignete Zugpferd überhaupt characterisiren:

Rundlichen, wohl proportionirten Körper, schöne Rippenwölbung, gut gebildetes Widerrüst, breite und geschlossene Lenden, fleischige und wenig abhängige Kruppe, sehr gut angesetzten Schweif, schön abgegrenzte und gehörig von einander entfernte Hüften. Die lange und schräg gestellte Schulter entspricht der schönen Bildung der Kruppe. Der starke, ein wenig gebogene Hals trägt einen öfter etwas langen, aber sehr ausdrucksvollen, unterhalb der Stirn nicht selten etwas gewölbten Kopf. Die gut gestellten Gliedmaßen haben kräftige, schön abgegrenzte Muskeln und wenig Behang. Die Farbe ist meist Apfelschimmel, doch auch häufig ein wenig Eisenschimmel.

Der Percheron ist feiner und länger, hat weniger Behang, eine längere Schulter und weniger abhängige Kruppe als der Bretagner, von dem er sich überhaupt durch seine breite Kruppe, seine schön gebildeten Hüften, seinen geraden oder etwas convexen

Kopf unterscheidet. Da indeß zwischen diesen beiden Racen beständig Kreuzungen stattfinden, so trifft man auch viele Pferde, deren Abstammung nicht immer genau festzustellen ist, und dies ist auch wohl der Grund, weßhalb man vor noch nicht langer Zeit den Percheron als eine Varietät des Bretagner betrachtete.

Die meiste Aehnlichkeit zwischen dem Percheron und Bretagner Pferde findet man nach Aigle und Mortagne zu; man nennt ihn den kleinen Percheron. Ob dies nun der wahre Percheron, d. h. der in der Provinz ursprünglich einheimische ist, der vielleicht mit dem Bretagner einen gleichen Ursprung hat, mag dahin gestellt sein. Thatsache ist es wenigstens, daß noch jetzt alljährlich Stuten aus der Bretagne eingeführt werden, die man im Departement Orne bedecken läßt, und daß der kleine Percheron durch seine etwas geraderen Schultern und kürzere Kruppe, in mancher Beziehung dem Typus der Pferde aus dem Côtes—du—Nord und Finistère gleicht.

Man züchtet auch in der Perche, nach den Departements Orne, Sarthe und Eure zu, Pferde, die sich vortrefflich zum schweren Zuge eignen. Sie kommen unter dem Namen: großer Percheron, gleichzeitig mit andern Thieren derselben Art aus der Bretagne, in den Handel und tragen im Uebrigen alle Charactere der schweren Pferde von Trèguier und Lesneven an sich.

In einer vortrefflichen Abhandlung über die Pferde des Orne Departements, veröffentlicht in den mémoires de la Commission d'hygiène vétérinaire militaire, finden wir die erwähnte Classificirung durch Gillet ebenfalls festgehalten.

Den eigentlichen Percherontypus findet man besonders in den Departements Eure=Loir und Loir=Cher. Man nennt ihn den schönen Percheron, mit schrägen Schultern, langer Kruppe, schön gebildeten Hüften, trocknen Sehnen und kräftigen Beinen. Er ist namentlich stark und feurig, wenn er in den

Cantonen Illiers, Courville, Châteauneuf u. s. w., wo er Hafer fast so viel bekommt als er fressen will, aufgezogen ist.

Die Perche, zwischen den Provinzen, welche am meisten Pferde produciren und denen, welche den größten Consum haben, gelegen, bildet einerseits einen vortrefflichen Handelspunkt, andererseits ist sie in einigen Theilen durch ihr Klima und geologische Beschaffenheit besonders zur Aufzucht geeignet.

Durch diesen doppelten Umstand begünstigt, ist sie gewissermaßen ein Depôt geworden, in welchem die Pferde der benachbarten Provinzen aufgestellt werden, um alle die vortrefflichen Eigenschaften zu entwickeln, die den Percheron so berühmt gemacht haben. Die Landwirthe im Eure-Loir u. s. w. suchen diese Verhältnisse denn auch nach Kräften zu verwerthen. Anstatt ausschließlich Mutterstuten zu halten und vielleicht alle 4 Jahre ein Pferd in den Handel zu bringen, kaufen sie nebenbei Fohlen in der Vendée, dem Poitou, der Bretagne, Normandie, Picardie und selbst in der Champagne und Franche-Comté auf, behalten sie 1 oder 1½ Jahr und verkaufen sie nachher als in ihrer Provinz geborene und gezogene Pferde. In Folge dieses Modus der Aufzucht, die übrigens mit vielem Geschick betrieben wird, findet man denn auch, daß die kostbaren Pferde, die unter dem Namen Percherons in so großer Anzahl über ganz Frankreich verbreitet sind, allen französischen Haupt-Racen angehören. Es sind indeß meist vortreffliche Thiere, die durch den Aufenthalt in der Perche und durch die reichliche Haferfütterung, welche die Landwirthe der Beauce ihren Gespannen geben, so zu sagen „percheronisirt" worden sind.

Die Perche ist somit zwar ein Land der Production, vorzugsweise aber doch ein Land der Aufzucht. Ihr Pferdehandel ist bedeutend. Zuerst findet ein Tauschgeschäft zwischen der großen und kleinen Perche statt. Die Landwirthe aus der Gegend von Mortagne, Bellesmes verkaufen ihre Stutfüllen an die von

Montboubleau, Drouė, während diese letzteren, welche vorzugsweise Stuten aufziehen, die Hengste an jene abgeben. In den Ebenen von Chartres, wo man sich fast ausschließlich mit der Aufzucht beschäftigt, kauft man sogar nur ausgebildete Fohlen, die schon angespannt werden können. Diese werden aus allen Theilen der Perche und vorzugsweise aus dem Thale von Huisne bezogen, deren Weiden für die Ernährung der Stuten mit ihren Füllen ebenso vortrefflich geeignet sind, als das Chartres Land mit seinen nahrhaften Futterkräutern und schönen Körnern für die Aufzucht junger Pferde.

Unabhängig von diesem Handel mit Pferden, die in der Perche geboren oder wenigstens sehr jung dahin importirt sind, wird, wie oben bereits gesagt, ein weit größeres Geschäft mit solchen, welche man aus andern Provinzen bezieht, getrieben. Selbst Züchter, die im Besitz von Weiden sind, beschäftigen sich nicht ausschließlich mit der bloßen Zucht, sie kaufen und verkaufen vielmehr unaufhörlich Stuten und Füllen. Wie oft hat man in die östlichen Departements Percheronsstuten einzuführen geglaubt, weil man sie von einem Züchter in der Perche gekauft hatte, die entweder Normänner, Bretagner oder Cauchois (Pferde aus Caux) waren! Wir wollen nicht behaupten, daß diese weniger gute Eigenschaften besessen hätten, wir constatiren nur Thatsachen, die sich oft wiederholen.

Der Haupthandel in der Perche findet mit Hengsten statt. Die Getreide bauenden Landwirthe kaufen aus verschiedenen Gegenden die schönsten 18 bis 20 Monate alten Grauschimmel-Fohlen auf und bringen dadurch später eine ungeheuere Anzahl von Pferden in den Verkehr, die sorgfältig ausgewählt und von kräftiger Constitution, dabei gut ernährt sind, alle wünschenswerthen Eigenschaften eines Arbeitspferdes besitzen. Man erzählt, daß Fohlen, die aus den Departements Haute-Marne, Doubs, Finistère stammten, nachdem sie in den Ebenen von Chartres

aufgezogen waren, wieder als Percheronshengste in ihre Geburts=
stätte zurückkehrten.

Die in der Perche geborenen Pferde werden ohne besondere
Mühe aufgezogen. „Jeder kleine Besitzer von einigen Ackern
Land, sagt Huvellier, hält 1 oder 2 Arbeitsstuten, die ihm
gleichzeitig eine gute Rente abwerfen. Und nichts ist leichter, als
ein Percheronfohlen aufzuziehen. Zwei Monate alt, folgt es der
Mutter in's Feld, galoppirt an ihrer Seite, säugt, wenn sie
anhält oder weidet an ihrer Seite in den Fluren."

Die schönen Stuten von Montboublau werden mit ebenso
großer Leichtigkeit gezüchtet. Der in kleine Pläne eingetheilte und
mit starken Hecken umgebene Grundbesitz macht die Aufzucht sehr
bequem.

Was die Wartung und Pflege der Pferde anbetrifft, so
haben die renommirten Züchter gute Stallungen, sind stolz auf
ihre Gespanne, halten dieselben außerordentlich sauber und theilen
die Arbeit, je nach dem Alter der Thiere, ein. Bemerkenswerth
ist, daß die Quantität Hafer, welche sie mindestens täglich dreimal
verabreichen, nicht weiter gemessen wird; man ist erstaunt, wenn
man die vollen Futterschwingen in die Krippe ausschütten sieht.

Die Landwirthe der Perche und der Gegend von Chartres
verstehen es also vortrefflich, die Verbesserungen der Pferde in
den anderen Theilen Frankreichs zu ihrem Vortheile zu ver=
werthen, indem sie die besten Fohlen auflaufen und mittelst guter
Fütterung und angemessener Arbeit nach Kräften zu entwickeln
suchen. In der Perche selbst wird nicht viel gekreuzt; man hat
zwar hin und wieder Percheronsstuten von Race Hengsten belegen
lassen und Fohlen gezogen, die die besten Normänner, Mecklen=
burger oder Yorkshire Pferde übertreffen, allein die Züchter stehen
sich besser, wenn sie ihre Arbeits=Race, die von der ganzen Welt
mit Recht gesucht wird, cultiviren.

Der Percheron wird zur Verbesserung der anderen Racen in Frankreich vielfach verwendet. Aber könnte man fragen, setzt man sich nicht der Gefahr aus, wenn man z. B. einen Hengst in der Gegend von Chartres kauft, einen Mischling zu erhalten, der nicht im Stande ist seine Eigenschaften zu vererben? Wir können diese Frage mit „nein" beantworten, da die Racen derjenigen Provinzen, welche ihre Fohlen zur Aufzucht nach der Perche liefern, jetzt schon eine große Constanz erlangt haben. Will man ganz sicher gehen, so braucht man solche Hengste nur mit Percherons, Ardenner u. s. w. Stuten oder die von solchen abstammen, zu paaren und man wird, wofern man gute Thiere hat, stets die besten Resultate erreichen.

Die Gegend von Mortagne, Montdoubleau, Chartres 2c., ist zum Ankauf von Percheronspferden die geeignetste.

3) Pferde der Provinz Berry*)
(chevaux berrichons).

Die Landwirthe der Provinz Berry beschäftigen sich, je nach den örtlichen Verhältnissen, mit der Zucht oder mit der bloßen Aufzucht der Pferde. Die feuchten Thalgegenden der Arrondissements Saint-Amant, Leblanc, la Châtre, Sancerre unterhalten Mutterstuten, während die Gegend um Bourges, Issoudun, Châteauroug, deren Weiden nur für Horn- und Schafvieh geeignet sind, Fohlen kaufen, dieselben aufziehn und nachher einige südliche und südöstliche Departements damit versorgen, gerade wie die Perche es mit den Departements im Umkreise der Hauptstadt macht.

In der Provinz Berry findet man eigentlich keine scharf ausgeprägte Race. Die Züchter kaufen hauptsächlich Fohlen aus dem Poitou, wählen einen guten Postschlag aus und lassen andere Rücksichten, wie die Farbe u. s. w. bei Seite. Daher würde es schwer sein, die Kennzeichen der in den Handel kommenden berrichons anzugeben. Im Allgemeinen besitzen sie aber viel mehr die gedrungenen Formen des gewöhnlichen Pferdes, als den eleganten und horizontalen Körper der schönen Percherons.

In den Hochebenen zwischen der Cher und Loire, im Osten des Departements Cher und in der Umgegend von Bourges, beschäftigt man sich jetzt mehr mit Fohlenaufzucht als früher, und

---

*) Ehemalige Provinz mit der Hauptstadt Bourges, jetzt in die Departements Indre und Cher vertheilt.

die Züchter geben sich viele Mühe, um in den Handel ebenso gute Pferde wie aus der Beauce zu bringen. Wenn indeß die ganze Körperbeschaffenheit der Pferde in den reichen Uferdistricten der Allier und Loire auch weniger zu wünschen übrig läßt, als in den südlicheren Cantons, so ist man doch noch weit entfernt, um mit der Perche concurriren zu können. In den Arrondissements Sancerre, Blois, Saint-Amant ꝛc. züchtet man jetzt auch viel mit starken Percherons und Anglo-Normannen, während man in den Arrondissements Loches, la Châtre leichtere Pferde, wie die kleinen Percherons von Mortagne oder ein gut gebautes Pferd von Issoudun benutzt.

4) Pferde aus dem Poitou
(chevaux poitevins).

Die Provinz Poitou*) bildet drei verschiedene Culturbezirke: Die Waldgegend, in der der bestellbare Boden auf Granit, Gneis und Glimmerschiefer ruht, die Moorgegend, durch Anschwemmung gebildet, einestheils aus einer gesunden Gegend mit vortrefflichen Weiden und gut cultivirten Aeckern, anderntheils noch feucht und aus sumpfigem Weideland bestehend; endlich die Ebenen, zwischen dem Wald und Moorbezirke gelegen, mit Oolith Unterlage und in einer Breite von 10—12 Kilomèters, von Melle bis Luçon und Sainte-Hermine sich erstreckend.

Diese Bezirke erzeugen drei Arten von Pferden: Die Carossiers von Saint-Gervais, nach einem gesunden Moor in der Umgegend dieses Ortes benannt; die Waldpferde, deren Bezeichnung die Gegend, aus der sie stammen, anzeigt; und die Maulthierrace (mulassière), deßhalb so genannt, weil die Stuten zur Maulthierzucht verwendet werden.

Hier wird nur von der letztern die Rede sein, weil man unter den in den Handel vorkommenden Poitou-Pferden im Allgemeinen nur diese versteht. Sie werden namentlich in den Ebenen des Poitou, im Departement Deux-Sèvres und bei Luçon (Vendèe) gezogen.

Sie sind groß, hoch aufgeschossen mit einem dicken Körper; das Hintertheil erscheint mit dem Brustkasten mangelhaft verbunden.

---

*) Ehemalige Landschaft mit der Hauptstadt Poitiers, jetzt die Departements Vienne, beide Sèvres und Vendèe.

Sie haben lange Lenden, breite Flanken und Kruppe, einen schweren Kopf mit starken Ganaschen, eine dicke Haut, rauhe, sehr starke Mähne und Schweif und kräftige, mit vielem Haar versehene Beine, die fast die breiten Hufe überdecken. Wie man nach solchen Formen richtig vermuthen kann, so stehen diese Pferde in dem Ruf, nur mittelmäßige Arbeitsthiere zu sein; dessen ungeachtet geben sie, wenn sie frühzeitig dem Einflusse des Klimas und der heimathlichen Weiden entzogen werden, gute Pferde für den schweren Zug ab.

Die Landwirthe im Poitou, wollen vor Allem starke Stuten zur Maulthierzucht, und deßhalb verlangen sie: breite Hufe und viel Behang an den Füßen, einen Kuhbauch und Senkrücken. „Man stelle sich ein Stückfaß auf 4 dünnen Balken vor, sagt Jacob Bujault und man hat das Bild einer solchen Stute. Sie ist ein häßliches Thier und nur zur Maulthierzucht geeignet."

Die Züchter in den betreffenden Gegenden suchen, sagt weiter Ayraud de Fontenay, plumpe Formen, eine dicke Haut mit grobem, starkem Mähnen= und Schweifhaar, einen viereckigen, mehr schweren als leichten Kopf, dicken, etwas gebogenen Hals, breite Lenden, eine sehr große und schräge Kruppe, starke, mit dickem Behang versehene Gliedmaßen, breite und ausgeschnittene Sprung=gelenke, große und ausdrucksvolle Augen, endlich platte und breite Hufe. Diese Race mit ihren Formen und ihrer exclusiven Be=stimmung fängt indeß an mehr und mehr selten zu werden, da sie mit den landwirthschaftlichen Anforderungen der Jetztzeit im Widerspruch steht. Es kann auch nicht vortheilhaft sein, eine Race nur zur Maulthierzucht zu verwenden, man muß auch andere Arbeitszwecke damit verbinden können. Die meisten Maulthier=züchter halten solches aber für unvereinbar und bedauern deßhalb von allen Racen, das allmählige Verschwinden der große Poitou Race am meisten. Vorzugsweise schieben sie die Schuld auf die Staatsgestüte und klagen diese an, die Race „verdorben" zu haben, um den Ausdruck von J. Bujault zu gebrauchen, indeß haben letztere nur eine untergeordnete Rolle dabei gespielt. Die Hauptursache liegt vielmehr in den überall hervortretenden Fortschritten der Landwirthschaft, in der Austrocknung der Moore, Parcellirung der alten Domainen ꝛc. und in dem Bedürfnisse Pferde zu züchten, die den allgemeinen Anforderungen mehr entsprechen, als die alte unbeholfene mulassière. Allerdings hat die Gestütsverwaltung lange Zeit hindurch keinen einzigen schweren Zuchthengst im Depôt von Saint Maixent gehabt und besitzt auch gegenwärtig nur eine kleine Anzahl davon, allein sie verfolgt auch ganz andere Zwecke, und vor Allem, die Zucht von Cavallerie Pferden. Wenn daher die Züchter Pferde zur Erzeugung ihrer Maulthier-Race brauchen, so dürfen sie auch die nothwendigen Opfer nicht scheuen. Ayrault de Nort hat zwar mit vielem Geschick und einer gründlichen Kenntniß des Gegenstandes, die Interessen der betreffenden Züchter, der Gestütsverwaltung gegenüber, verfochten, und es ist auch die Wichtigkeit der Maulthierzucht im Poitou und der Vortheil, welchen sie den Züchtern gewährt, nicht zu bestreiten, aber aus dem angeführten Grunde ist seine Ansicht nicht zu theilen. Die Zucht des Beaucer Schafes, des Ochsen von Salers und Nivernais ist auch wichtig, aber nichtsdestoweniger liefert der Staat, weder Böcke den Züchtern in Chartres, noch Bullen denen im Cantal und Nièvre. Der Staat versorgt die Züchter mit leichten Hengsten aus dem einfachen Grunde, weil ihn Reitpferde direct interessiren und er in einem niedrigen Preise der Remontepferde einen Ersatz für die aufgewendeten Kosten der Gestüte zu finden glaubt. — Obgleich die Moorgegend reich an Weiden ist, werden doch jetzt wenig Mutterstuten daselbst gehalten und die Fohlen lieber aus anderen Gegenden der Provinz angekauft. Die Landwirthe lassen nämlich ihre Pferde Sommer und Winter auf den Weiden und finden daher einen größeren Vortheil darin, diese mit schon erstarkten

Fohlen zu bevölkern, als selbst zu züchten. Ueberdies ist der Boden in den Mooren zu weich, die Luft zu feucht und die Kräuter, obgleich schmackhaft und üppig, sind zu hart und faserig. Die Fohlen werden zu beleibt, bekommen eine schlaffe Faser, grobe Haare, breite Hufe, Senkrücken, da der schwere Bauch die Wirbelhäute krümmt, lange Flanken, Muskeln ohne Ausdauer, ungeschlachtete Glieder, schwankende Bewegungen und mangelhafte Gangarten. Aus diesem Grunde behalten auch die Landwirthe ihre Fohlen nur kurze Zeit. Sie verkaufen die selbstgezogenen und von ihnen angekauften 6—7 monatlichen Fohlen, gewöhnlich im Alter von 18—20 Monaten, nach den fruchtbaren Walddistricten, wo sie noch einige Zeit bleiben und dann weiter nach der Normandie, Beauce, Berry u. s. w. wandern.

Die Pferde der race mulassière bleiben zwar gemeinhin im Poitou, wenn sie zur Maulthierzucht brauchbar sind, werden indeß auch, wenn sie leichtern Schlages und von gefälligen Formen und Apfelschimmel sind, nach der Perche und Beauce, wenn sie dunkel und Eisenschimmel sind, nach dem Gatinais und Nivernais exportirt, während die Landwirthe im Berry ohne Unterschied Fohlen aller Farben nehmen. Der durch Landbeschäler erzeugte Typus findet Verwendung für die leichte und schwere Cavallerie, einige der schönsten Exemplare gehen auch als Luxuspferde nach der Normandie.

Die hauptsächlichsten Märkte werden im Herbste oder gegen Ende des Winters abgehalten.

5) Normännische Klepper
(bidets normands).

Man versteht hierunter eine Art kleiner Pferde, die fast über alle Theile der Normandie*) verbreitet sind. Die bekanntesten werden im Departement la Manche gezogen.

In dem Departement Seine inférieure sind sie von Brauner-, Fuchs- oder Schimmelfarbe mit tiefem Brustkasten, breiten Lenden, starkem, jedoch nicht kurzem Halse, am Oberhaupt breitem Kopfe und soliden Gliedmaßen. Sie werden entweder zum leichten Cavallerie Dienst, oder im Lande selbst, wie auch in der Picardie und Isle de France, bald als Reitpferde, bald als Wagenpferde, verwendet.

Die Klepper der la Manche werden hauptsächlich in den Arrondissements Cherbourg, Valognes und Coutances gezogen. Sie bilden 2 Gruppen: A. die eigentlichen Postklepper, welche man von Cherbourg bis nach den Departements Orne, Sarthe, Mayenne, Ille et Vilaine hin erzeugt, und die in Betreff ihrer Kopfform (Vertiefung unterhalb der Augen und hervortretende Nasenbeine) und ihrer eingezogenen Hüften, dem bretagner Pferde gleichen. Wie die Doppelklepper von Ille et Vilaine (Seite 7) sind sie im

---

*) Die Normandie, ehemalige Provinz im nördlichen Frankreich mit der Hauptstadt Rouen. Sie ist eine der fruchtbarsten und reichsten Landestheile in Frankreich, woraus jetzt die Departements Seine inférieure, Eure, Calvados, la Manche und der größte Theil von Orne gebildet sind.

Allgemeinen von brauner oder Fuchsfarbe. Sie sind gewandt und kräftig, haben gute Beine, und Hufe, so hart wie der Granit, der sie trägt. In einigen Pachthöfen werden sie mit gequetschtem Stechginster einen Theil des Jahres hindurch ernährt. Immer sind sie von großer Genügsamkeit.

Die Pferde aus dem südlichen Theile des Departements la Manche werden auf den Märkten in Gavray, Folligny, Saint Lô, wohin man auch Bretagner Pferde bringt, an die Posthalter verkauft. Viele kommen auch nach Paris, wo sie in gleicher Weise, wie die kleinen Ardenner, Verwendung finden.

B. **Pferde aus der la Hague*).** — Der Norden des Departements la Manche, nämlich der sumpfige Theil der Arrondissements Valognes, Cherbourg, zieht die rennomirtesten normännischen Klepper, da ihre Formen in den reichen Triften sich mehr entwickeln. Sie haben einen gut ausstaffirten Körper, starkes Hintertheil, breite Lenden, dickes Widerrüst, kurzen kräftigen Rücken, tiefen Brustkasten, starken, ein wenig kurzen Hals, schön ausgeprägte Muskeln, breite Röhrenknochen, kurze Fesseln, dunkle Haarfarbe mit Abzeichen an den Füßen und namentlich am Kopfe, wie die alten Carossiers von Cotentin; endlich einen geraden, etwas stumpfnasigen Kopf. Durch mehrere dieser Charactere gleichen sie den orientalischen Racen, von denen sie auch abstammen sollen. Von den Postkleppern weichen sie besonders hinsichtlich ihrer eigenthümlichen Gangart ab. Diese gleicht nämlich dem Trab zwar darin, daß die Füße kreuzweise gehoben, indeß, wie beim Schritte, der Reihe nach zur Erde gesetzt werden und man also jedesmal 4 Hufschläge hört. Sie ist übrigens erblich, und die Züchter sehen deßhalb streng darauf, Pferde, welche in Trab verfallen, von der Zucht auszuschließen. Man hat auch eine Paarung

---

*) Hague oder Hogue, kleines Ländchen im Arrondissement Cherbourg, Departement la Manche.

mit Traber Hengsten versucht, um den Gang des Vaters mit dem brillirenden der Mutter zu vereinen, allein man ist nicht glücklich in den Resultaten gewesen. Die Producte gingen bald Paß, bald Trab, am meisten jedoch den sogenannten Halbpaß.

Der Preis ist ziemlich hoch, da nicht viel derartige Pferde gezogen werden. Ehemals wurden sie bis in's Innere von Frankreich ausgeführt, heutzutage finden sie ihre Verwendung hauptsächlich im Lande selbst. Sie sind ausschließlich zum Reitdienste bestimmt und von einer colossalen Ausdauer.

6) Pferde von Auge*)
(chevaux augerons).
(Caenner Pferde, Pferde von Vire.)

Diese Bezeichnung legt man den vortrefflichen starken Zugpferden bei, welche man in den Departements la Manche, Calvados und Eure zieht. Sie sind den Händlern wohl bekannt und haben auch von jeher die Aufmerksamkeit der Schriftsteller, welche sich mit der Pferdezucht in der Normandie beschäftigt, erregt. In Paris kennt man sie unter dem Namen: chevaux caennais, virois oder augerons.

Sie sind groß, stark, von vortrefflicher Constitution, haben schön gestellte Gliedmaßen und durch die Eleganz ihrer Formen und die Feinheit ihrer Haut eine gewisse Aehnlichkeit mit den Percherons.

Von den Boulogner Pferden unterscheiden sie sich dadurch, daß sie aufgeschossener, leichter und häufiger Schimmel oder Grauschimmel sind.

Diejenigen, welche von den Ufern der Vire kommen (virois), sind kleiner, aber durch ihre Stärke und Genügsamkeit ausgezeichnet. In den weniger fruchtbaren Gegenden gezogen, haben sie auch weniger Bedürfnisse, als die Pferde aus dem Bessin*) und den reichen Thälern von Lisieux**).

---

*) Ehemals Grafschaft in der Normandie, jetzt in die Departements Calvados und Orne vertheilt.

**) Theil des Departements Calvados.

***) Arrondissement im Calvados.

Durch die Bezeichnung »augerons« soll zwar ausgedrückt werden, daß diese Pferde hauptsächlich in den Thälern von Auge gezogen werden, allein man findet sie auch, wie angegeben, in den Thälern der Arrondissements Lisieux, Pont l'Evêque, in der Ebene von Caen und im Bessin. Von den Märkten in Argences und Bayeux werden sie nach dem Norden und Osten der untern Normandie ausgeführt. Die Züchter behalten gewöhnlich die Stutfüllen und verkaufen die andern; ein Theil davon kommt nach der Beauce, der Brie und der Gegend von Caux. Die Landwirthe der Ebenen von Caen geben, je nach der Leichtigkeit des Absatzes, bald den schweren, bald den leichteren augerons den Vorzug.

7) Boulogner Pferde
(chevaux boulonnais).
Cauxer Pferde (cauchois).

Von allen starken Zugracen sind die, welche unter dem Namen „Boulogner" Pferde in den Handel kommen, die renommirtesten. Sie stammen aus den Arrondissements Boulogne, Montreuil, Béthune, St. Omer und dem westlichen Theile des Nord-Departements. Die Cantone in der Umgegend von Boulogne (Departement Pas de Calais) mit thonkalkhaltigem Boden liefern die besten; daher auch die Bezeichnung: Boulogner Pferde.

Alle diese Gegenden unterhalten viele Mutterstuten, die, wenn sie nicht arbeiten, sich größtentheils auf den Weiden ernähren. Stutfüllen behält man gemeinhin im Lande selbst, während man die andern nach den Arrondissements Saint Pol, Arras, Peronne, Amiens, Abbeville (Departement Somme) ausführt; ein Theil überschreitet auch die Somme und wird in dem Vimeux (Departement Somme) und der Gegend von Caux, nach Montdidier und Hâvre zu, aufgezogen. Das Pas de Calais und Nord schicken auch Fohlen nach den Departements Oise, Aisne und Seine et Marne.

In der Regel werden die Fohlen im Alter von 6—8 Monaten exportirt; in dem nördlichen Theile des Departements Pas de Calais und in dem der Somme bleiben sie auch bis zum Alter von 2—3 Jahren, dann aber gehen sie bis Caux und selbst bis in die Umgegend von Dreux und Chartres (Departement Eure et Loir).

Im Handel bezeichnet man sie als Pferde aus Caux*) (chevaux cauchois), wenn sie in der Gegend von Caux gezogen sind; auch nennt man sie Pferde aus dem fetten Lande, weil sie mit Körnern und guten Futterkräutern, welche der nördliche Theil des Seine inférieure, der westliche Theil des Departements Somme und das Departement Eure produciren, ernährt sind.

Diejenigen, welche nach den Thälern der Departements Aisne und Oise gebracht werden, sind von eingeborenen Pferden dieser Gegenden und den ziemlich mittelmäßigen, im Nord-Departement, nach Belgien zu, gekauften, nicht verschieden. Man nennt sie Picardische Pferde (Picards) oder Pferde aus dem magern Lande.

Später wird noch davon die Rede sein.

Die in dem Handel vorkommenden Boulogner Pferde sind außerordentlich kräftig; sie haben einen kurzen, untersetzten, sehr dicken Körper, einen großen dicken, von einem starken, gut aufgesetzten Hals getragenen Kopf, eine außerordentlich breite Brust, sehr fleischige Schultern, dickes hohes Widerrüst, ein wenig Senkrücken, dabei aber breite, kurze Lenden, eine gespaltene, sehr fleischige, abhängige Kruppe, und von sehr kräftigen Muskeln gebildete Schenkel. Die Mähne ist doppelt, die Füße im Allgemeinen wenig behangen, die Haut fein, das Haar weich, was man übrigens bei den Racen dieser Abtheilung selten findet.

Die im Lande und mittelmäßig ernährten Stuten haben einen geringern Körperumfang; auch erscheint ihr Hals ein wenig lang, weil er nicht so stark, als der der Hengste ist.

Bei einer guten Pflege entwickeln die Boulogner Pferde eine wunderbare Kraft und ungeachtet ihres außerordentlichen Gewichts eine große Leichtigkeit im Gange. Man ist erstaunt, wie

---

*) Caux, ehemalige Landschaft in der Ober-Normandie, bildet heute den größten Theil des Departements Seine inférieure.

weit sie im Trabe ausgreifen können. Die im Lande gehaltenen und erzogenen Pferde wurden vor der Eröffnung der Eisenbahnen dazu benutzt, alle Arten gesalzener Seefische nach Paris zu fahren, daher der Name »chevaux marayeuses«, welchen man ihnen gab.

Diese vortreffliche Race entspricht ganz vorzüglich den Bedürfnissen der Brauer, Müller, der Rollfuhrwerks-Besitzer, dient zum Schiffsziehn ꝛc., leichtere Exemplare geben auch ausgezeichnete Postpferde ab.

Eine schon seit langer Zeit im Departement Pas de Calais mit Geschick gehandhabtes Prämiirungssystem, um die Haltung von Hengsten zu befördern, bewährt sich ausgezeichnet. Es werden vorzugsweise solche Thiere prämiirt, die neben einer guten Körperbeschaffenheit, Proben *ihrer Leistungsfähigkeit* im Trabrennen abgegeben haben.

8) Flandrische Pferde
(chevaux flamands).

Die flandrische Race findet sich an der belgischen Grenze, in den Gegenden, wo der Boden und die Atmosphäre beständig feucht sind.

Die flandrischen Pferde sind von sehr starker Statur mit einer gespaltenen, indeß weniger carrirten Kruppe als beim Boulogner Pferde; sie haben mehr eingezogene Hüften, gute Gliedmaßen, eine dicke Haut, rauhes und reichliches Mähnen- und Schweifhaar, breite, oft platte Hufe und ein lymphatisches Temperament. Seit dem man in den betreffenden Gegenden große Meliorationen, namentlich Trockenlegungen, vorgenommen hat, haben auch die Pferde an Güte gewonnen.

Vielen flandrischen Pferden mangelt es noch an einer gewissen Regelmäßigkeit der Formen; sie haben zu viel Gemeines in den einzelnen Theilen. Der Kopf ist zu stark, das Auge zu klein, die Schulter zu grade, die Kruppe zu abhängig, die Muskeln der oberen Gliedmaßen sind nicht genug voll und abgegrenzt. Der Einfluß schlechter belgischer Hengste und einer zu wenig substantiellen Nahrung wird zwar noch lange fühlbar bleiben, indeß läßt sich erwarten, daß die angedeuteten Fortschritte in der Bodenkultur auch die Pferdezucht immer mehr verbessern und den Pferden die zum Theil fehlende Güte und Constanz verleihen werden. In manchen Bezirken hat man bereits mit großem Nutzen Stallfütterung eingeführt, um die Thiere dem nachtheiligen Einfluß der feuchten Weiden und des Klimas zu entziehen. Auch verwendet man jetzt viel Percherons Hengste, sowie solche aus der Gegend von Caux, Caen ꝛc.

9) Pferde der Picardie*)
(chevaux picards).

Die unter dieser Bezeichnung im Handel vorkommenden Pferde, stammen zum großen Theile aus Isle de France, d. h. den Departements Seine und Theilen von Aisne und Oise ꝛc. Die eigentliche Picardie, nämlich das Departement Somme liefert dazu nur wenig, denn ein Theil dieser kleinen Provinz, des Vimeux, züchtet Pferde, die mit Recht unter die besten Boulogner rangiren. Auch das Arrondissement Peronne besitzt Pferde von Ruf.

Das alte picardische Pferd war leicht an dem mehr kurzen als langen Körper, dem Senkrücken, niedrigen und umfangreichen Bauche, der fleischigen und sehr abhängigen Kruppe, dem schlecht angesetzten Schweife, den groben Gliedmaßen und dem langsamen Gange zu erkennen. Heutzutage existiren davon nur noch sehr wenige, denn die Pferde, welche man im Thale des Departements Haute Somme und in den Becken der Oise und Aisne antrifft, sind entweder sehr jung dahin importirt oder von Boulogner, Percherons, Anglo Normannen und selbst reinen englischen Hengsten gefallen. Auch Percherons- und Boulogner Stuten hat man wiederholt eingeführt.

---

*) Sonst Gouvernement mit der Hauptstadt Amiens, jetzt unter die Departements Pas de Calais, Somme, Oise und Aisne vertheilt.

Obgleich in Folge dieser vielfachen Kreuzungen, die Pferde ein verschiedenes Gepräge haben, so läßt sich doch bei vielen die bestimmte Einwirkung des Klimas und Bodens nicht verkennen. Die zur Zeit der Erndte in den Thälern der Oise und Aisne häufigen Regen, wirken nachtheilig auf die Futterkräuter, die in Folge der beständigen Feuchtigkeit des Bodens, schon an und für sich, von mittelmäßiger Beschaffenheit sind. Das Heu ist hart, ausgezogen und wird, zu oft naß eingebracht, leicht braun und staubig. Die mit solchem Futter ernährten Fohlen verbrauchen davon größere Quantitäten, werden senkrückig, bekommen einen dicken, hängenden Bauch und schwache Gliedmaßen, sind schwerfällig, schlaff und lymphatisch. Fast in allen Krankheiten sagt Garcin, Verfasser eines guten Aufsatzes über die Pferde des Departements Aisne, wendet man mit Erfolg tonische und Eisenmittel, sowie überhaupt eine kräftige Ernährung an.

Die Pferde, welche man in den Straßen von Paris sieht, und die das Charakteristische der alten Race der Picardie an sich tragen, werden „Picards", auch Rübenfresser (Mangeurs de carottes) genannt. Zu bemerken ist übrigens, daß man diese Bezeichnung allen häßlichen Pferden, welches auch ihre Abstammung sei, giebt.

In den auf den Plateaux gelegenen Wirthschaften, besonders der Arrondissements Château Thierry, Soissons, Senlis, die mehr Ackerbau treiben, beschäftigt man sich vorzugsweise mit der Aufzucht, während man in den Gegenden, die Thäler und Weiden haben, um Vervins, Laon, Compiègne herum, nicht unbedeutende Fohlenzucht findet. Viele Landwirthe ziehen auch nur Pferde zu ihrem eigenen Gebrauche, die sie nicht in den Handel bringen, auf.

Unter die Versuche, welche man in dem Departemement Aisne zur Hebung der Pferdezucht gemacht hat, gehört auch die Einführung von Limousiner Fohlen. Man hoffte, daß die trockene Constitution der letzteren, sie fähig machen würde, den klimatischen Einflüssen leichter zu widerstehen, daß sie mehr Körper erhalten würden, während sie die Eigenthümlichkeiten ihres Typus bewahrten. Das Resultat ist indeß, ebensowenig wie in andern Provinzen, wo das Klima noch weniger, als das der Picardie auf die vorherrschende Entwickelung des Zellgewebes und des ganzen lymphatischen Systems einwirkt, ein glückliches gewesen. Eine solche Einführung könnte auch nur dann Erfolg haben, wenn durch eine angemessene Verbindung von gutem Heu und Körnern eine recht kräftige, leicht verdauliche Nahrung gereicht und dabei von den Weiden nur ein beschränkter Gebrauch gemacht würde, um soviel als möglich die Thiere dem erschlaffenden Einflusse des Bodens und Klimas zu entziehen.

Man hat auch verschiedene Typen von Hengsten eingeführt. Den großen **Boulogner** und **Cauchois** für die feuchten, mehr niedrig gelegenen Gegenden, den **Percheron** besonders für die Hochebenen zwischen der **Oise** und **Marne**, und endlich auch **Anglo-Normannen** und **rein englische Hengste**. Von allen diesen, ist der **Percheron** als der geeignetste, die Pferde der Picardie nachhaltig zu verbessern, überall erkannt werden.

10) Ardenner Pferde*)
(chevaux ardennais).

Wir sprechen hier nicht von den großen, starken, belgischen Pferden mit den schweren Köpfen, die unter dem Namen Ardenner vielfach in den Handel kommen, sondern nur von den eigentlichen, in den französischen Ardennen gezogenen Pferden.

Die französischen Ardennen erzeugen Wagen-, Karren-, Postpferde und kleine Klepper; die ersteren werden in den Thälern, die andern in den culturreichen Ebenen und die letzten in den leichten Landstrichen, wo die Vegetation im Allgemeinen eine ärmlichere ist, gezogen. Eigentliche Carossiers kommen nur als Ausnahme vor. Die schwersten und stärksten, besonders in den Arrondissements **Réthel** und **Vouziers** gezogenen Zugpferde gleichen denen aus dem **Isle de France** (Seite 33), wie denn auch der Boden und das Klima in diesem Theile des Departements der Ardennen, demjenigen des Departements **Aisne** gleicht.

Das eigentliche Ardenner Pferd eignet sich zum Postdienste, und wenn es den erforderlichen Schritt hat, für die Artillerie und Linien-Cavallerie. Es hat einen ausdrucksvollen, oben am Scheitel breiten Kopf mit hervortretenden Augenbogen, feines Maul und starke Ganaschen, einen breiten, kurzen Hals, reiche Mähnen,

---

*) Ardennen (Ardenner Wald), besonders der Theil zwischen Lüttich und Thionville. — Das französische Departement der Ardennen umfaßt einen Theil der Champagne und hat Mezières zur Hauptstadt.

trockene Extremitäten, feste Gelenke, einen kräftigen, kurzen Rücken, schön hervortretende Hüften, aber eine etwas zu abschüssige Kruppe.

In den weniger fruchtbaren Theilen des Departements züchtet man ferner Pferde von viel kleinerer Taille, mit häufig oben schwächeren, aber gut gestellten Gliedmaßen, carrirtem Kopfe und kurzer Halsung, doch sind diese, seit dem man mehr Stallfütterung hat, seltner geworden. Die Mehrzahl der Ardenner Pferde, welche man nach Paris bringt, kommen aus der Gegend von Chimay und dem Arrondissement Avesnes, welches letztere hinsichtlich seiner Bodenbeschaffenheit am meisten den belgischen Ardennen gleicht.

Im Allgemeinen sind die Ardenner Pferde bemerkenswerther durch ihre Kraft, Arbeitsamkeit und Fähigkeit die härtesten Strapazen und Entbehrungen zu ertragen und allen Unbilden der Witterung zu widerstehen, als durch die Regelmäßigkeit ihrer Formen.

Das Departement der Ardennen zeigt hinsichtlich der Fruchtbarkeit des Bodens die größten Verschiedenheiten. Ein kleiner Bach trennt oft ein Stück reiches Culturland mit einer üppigen Vegetation von einem armseligen Terrain, das höchstens etwas Roggen oder Buchweizen erzeugt. Natürlich kann man auf diesem letztern, wie z. B. in der Gegend von Rocroy keine so starken Thiere, als in dem südwesten des Departements züchten, und daher kommt es denn auch, daß man in den Ardennen, wie Eingangs angedeutet, verschiedene Schläge von Pferden findet.

Seit den 30 Jahren hat man Percherons, Cauzer Pferde, fast gleichzeitig mit englischem Vollblut und Halbblut eingeführt, aber ohne System verwendet, so daß keine Resultate erzielt worden sind. Man hat nicht genug berücksichtigt, daß eine Generation zur Umformung einer Race nicht genügt und Racehengste nur für Stuten solcher Besitzer verwendbar sind, die auch Futter für

Luxuspferde haben. Später ging man zum andern Extrem über und kreuzte mit schweren Hengsten aus der Picardie, Belgien ꝛc. aber mit ebensowenig Vortheil.

Für die Ardenner Pferde passen am besten Hengste von dem Kaliber eines guten Postpferdes, mit langen Schultern und wenig abschüssiger Kruppe. Dieser Typus ist in dem Percheron gefunden, der denn auch jetzt mit Vortheil am meisten verwendet wird.

11) Lothringer Pferde*)
(chevaux lorrains).

Die Becken der Mosel und Maas erzeugen Pferde, welche unter dem Namen Lothringer bekannt sind. Die mehr zum Zuge geeigneten finden sich in den breiten Thälern mit fettem Boden; die andern leichtern, leben auf den Hochebenen und an den Ufern der Flüsse. Diese letzteren werden vorzugsweise Lothringer Pferde genannt. Man glaubt, daß sie von Stuten und Hengsten, die einst durch die Herzöge von Lothringen aus dem Orient mitgebracht wurden und von, durch den König Stanislaus eingeführten, polnischen Hengsten, abstammen. Wegen ihrer Ausdauer, Genügsamkeit und Fähigkeit, Strapazen und Entbehrungen zu ertragen, haben sie zu allen Zeiten den Ruf guter Soldatenpferde gehabt.

Dagegen ist es nicht so leicht, das Pferd der Thäler gut zu charakterisiren; es hat sich in den fruchtbareren Gegenden mehr entwickelt, eine kräftigere Kruppe und weniger feine Beine erhalten, im Uebrigen aber durch die Kreuzungen mit Pferden aus den Ardennen, der Picardie und Perche sich vielfach verändert.

Mit Ausnahme der bergigen Gegenden des Ostens, die mit den Vogesen in Verbindung stehen, kann Lothringen starke Pferde erzeugen, da sowohl die bedeutenden Wiesenflächen, längst den

---

*) Das alte Lothringen ist heutzutage in die Departements **Moselle** (Mosel), **Meurthe**, **Meuse** (Maas) und **Vosges** (Vogesen) eingetheilt.

Ufern der großen Ströme, als auch die Plateaux eine üppige und kräftige Vegetation besitzen. Diese Verhältnisse sind denn auch der Pferdezucht sehr günstig und die Artillerie und Linien-Cavallerie beziehen aus den Lehmgegenden der Arrondissements Sarreguemines, Lunéville, den Cantonen Faulquemont, Boulay, Bouzonville, wie auch aus dem Departement Meuse und der Gegend von Metz, Thionville, Toul und Nancy viele Remonten.

Man warf dem alten lothringer Pferde vor, nicht genug Schnitt und ein gemeines Aussehen zu besitzen. Die Einführung der Kleekultur in verschiedene Gegenden hat indeß eine reichliche Ernährung ermöglicht und der Race eine bedeutende Entwickelung gegeben, die schon vor langer Zeit Mathieu de Dombasles bei den Pferden des Seille Thales als einen Beweis, was eine reichliche Ernährung bei der Pferdezucht vermag, hinstellte, allein ein oft breiter Huf, kleine Augen und großer Bauch sind noch heutigen Tages häufige Fehler. Die Zucht feiner Pferde ist in Lothringen aus dem Grunde mit Schwierigkeiten verbunden, als die Landwirthe wegen des schweren Bodens starker Gespanne bedürfen, wozu sie keine Racepferde verwenden können. Deßhalb giebt man, sowohl beim Ankauf als der eigenen Zucht, der starken und ausdauernden Race stets den Vorzug vor den mit englischem Vollblut oder Halbblut veredelten Racen.

In neuerer Zeit haben einige Züchter angefangen ihre besten Stuten mit Hengsten aus dem Depôt von Rozières zu kreuzen und sie sollen mit den Resultaten sehr zufrieden sein, zumal jetzt auch die Remonten direct von den Züchtern angekauft und weit besser, als früher bezahlt werden.

12) Elsasser Pferde
(chevaux alsaciens).

Das Elsaß*) hat wegen seiner Lage zwischen der Schweiz, Deutschland und mehreren pferdereichen französischen Provinzen mehr Vortheil vom Getreidebau und der bloßen Aufzucht von Pferden, als von der Production selbst. Wenn nun auch einige Cantone mehr Pferde züchten als sie verbrauchen und daher ihre Fohlen verkaufen, so beziehen doch die meisten ihren Bedarf von auswärts.

In den reichen Departements des Elsaß giebt es keine scharf ausgeprägten Pferderacen. Nach Süden, in den Arrondissements Altkirch, Belfort, haben die Pferde Aehnlichkeit mit denen der Schweiz und Burgunds, und in dem Arrondissement Straßburg mit den deutschen Racen.

Nach Baiern zu erkennt man die Nachkommen von Hengsten des alten Zweibrücker Gestüts an ihrem gut proportionirten Körper, guten Rücken, hohen Widerrüst, ihren schrägen und langen Schultern, schön gestellten Gliedern und ihrer feinen Haut. Mäßig und arbeitsam vereinigen diese Pferde Eleganz mit Dauerhaftigkeit und können lange Zeit gute Dienste leisten. Man muß sie nicht mit den aus Deutschland importirten vergleichen, welche letztere im Allgemeinen von weit geringerer Qualität sind.

Als dem Lande eigenthümlich könnte man allenfalls 2 Arten von Pferden unterscheiden: Pferde mit breiten Hufen und dicker

---

*) Die Departements Haut- und Bas-Rhin.

Haut, gute Zugpferde, die in einigen feuchten und sumpfigen Thälern, namentlich im Arrondissement **Wissembourg**, gezogen werden; und kleinere Pferde, welche man in einigen Orten der **Rheinebenen**, wo der Boden kiesig ist, und auf den weniger fruchtbaren Abhängen der Arrondissements **Colmar**, **Schelestat**, **Saverne** züchtet. Diese letzteren sind leicht mit den kleinen Pferden der Vogesen und Lothringens zu verwechseln.

Im Uebrigen produciren die Gegenden von **Soultz** und **Seltz** die besten Fohlen, dagegen ziehen die von **Brumach**, **Truchtersheim** die am meisten geschätzten Pferde auf.

Im Elsaß finden sich einige für die Pferdezucht günstige Bedingungen: Ruhe und Sanftmuth der Einwohner, diese deutschen Charaktere, die die Thiere niemals schlecht behandeln lassen, schöne, gut unterhaltene Straßen und die Gewohnheit in den Wirthschaften 4 räbrige Wagen zu verwenden, wodurch die jungen Thiere weniger ruinirt werden.

Es giebt indeß auch einige ungünstige Bedingungen: viel feuchter sumpfiger Boden, der Futter von sehr mittelmäßiger Qualität liefert; ein Klima, das für die Heuernte nicht immer günstig ist und oft periodische Augenentzündung erzeugt; Koppelweiden, die noch in verschiedenen Gemeinden bestehen; endlich die pecuniär schlechte Lage vieler Landwirthe, die ihnen nicht erlaubt, die Fohlen gut zu füttern und nöthigt dieselben zu jung anzuspannen.

13) Pferde der Champagne*)
(chevaux de la Champagne).

Mit Ausnahme des kleinen Theiles zwischen Vitry und Sezanne (Champagne pouilleuse genannt), wo die in Folge von Wasserfluthen zu Tage liegende Kreide, Lager von ungeheurer Dicke bildet, erfreut sich die Champagne im Allgemeinen einer großen Fruchtbarkeit. Die Hochebenen zwischen der Seine, Aube und Marne eignen sich vorzüglich zum Ackerbau, während die Thäler dieser Flüsse und ihrer zahlreichen Nebenflüsse zum Theil sehr fruchtbare und gesunde Weiden enthalten.

In den Thälern der Maas, Marne und Aube werden am meisten Fohlen gezüchtet; die aus der Maasgegend, wenigstens die von Bassigny, kenntlich an ihrem starken Kopfe und ausgedehnten Bauche, sind die gemeinsten; sie vermischen sich, dem Laufe des Flusses folgend, mit den lothringer Pferden. — In den Becken der Marne und Aube, wo der Boden weniger feucht ist, werden leichtere Pferde gezogen, die im Uebrigen sehr verschieden, eines Theils zum Zuge, andern Theils als Remonten für die Cavallerie Verwendung finden.

Die in den Thälern geborenen Fohlen werden später in die Ebenen der Departements Aube, Seine et Marne und Yonne gebracht, wo man sie aufzieht und nebenbei zur Arbeit verwendet. Die ausgezeichnetsten wandern auch nach der Beauce und werden

---

*) Ehemalige Provinz mit der Hauptstadt Troyes, jetzt in die Departements Ardennes, Marne, Haute-Marne (ganz), Yonne, Aisne, Seine-Marne (nur theilweise) eingetheilt.

nach ihrer Ausbildung als Percherons wieder verkauft; während die geringern auf den Märkten des Departements Haute-Marne verkauft und nach Corps, Murc, Gap und nach dem Dauphiné weiter geführt werden.

Wir wollen noch bemerken, daß die urbaren Ländereien in der Champagne, je nach ihrem hygrometrischen Zustande und ihrer Fruchtbarkeit, unendlich viel Nüancen darbieten, und daß die eigentliche Aufzucht nicht gerade in den kreidigen Ebenen des Departements Aube und Marne, auch nicht auf den kalkhaltigen Abhängen des Departements Haute-Marne, sondern vorzugsweise in den ein wenig fetten Distrikten der Ebenen und Hochebenen längst der Thäler der Aube, Marne und Seine betrieben wird. Einige Gegenden bringen gute Postpferde, andere schwere Zugpferde in den Handel.

In den Gegenden, in welchen die Fohlen der periodischen Augenentzündung weniger ausgesetzt sind, haben zwar auch einige Züchter mit Vortheil Hengste des Reit- und Kutschschlages verwendet und vortreffliche Reitpferde und Carossiers gezogen, allein die wirthschaftlichen und localen Verhältnisse stellen der ausgebreiteten Zucht des feinen Pferdes manche Hindernisse entgegen. Im Allgemeinen unterhalten nämlich die Landwirthe in der Champagne nicht viel mehr Pferde, als sie zu ihrem Betriebe nothwendig brauchen und geben daher kräftigen Pferden den Vorzug, die sie überdies viel leichter verkaufen können.

14) Burgunder Pferde
(chevaux de la Bourgogne).

Die Pferde dieser Provinz*) vermischen sich im Osten und Süden mit denen der Franche Comté (siehe diese), des Morvan und Charolais; im Norden weichen sie von denen der Champagne nicht merklich ab. Einer besondern Erwähnung verdienen nur die Pferde des Departements Côte d'or, obgleich sie keine bestimmt ausgeprägte Race bilden.

Vorwiegend kalkbodenhaltig baut das Departement Côte d'or Wein auf den östlichen und südlichen Seiten seiner Abhänge, mästet Schafe auf den Jura Hochebenen und producirt Pferde im Osten der Arrondissements Beaune und Dijon, in den Thälern von Tille, Bèze, Ouche. Das Heu von den schönen Wiesen der Saône wird gemeinhin nach dem Süden exportirt.

Diese Thäler beschäftigen sich mehr mit der Zucht, als mit der Aufzucht. Die stärksten und größten Fohlen werden nach den Hochebenen des Departements, wo man sie zum Ackerbau verwendet, die kleinsten nach dem Süden in die Departements Isère, Drôme und Hautes Alpes ausgeführt.

Das alte Burgunder Pferd, das sich durch seine Kleinheit, kurze Beine, feste Sehnen, seine Genügsamkeit u. s. w. auszeichnete, ist zum großen Theile verschwunden. Man findet

---

*) Die ehemalige Provinz Burgund mit der Hauptstadt Dijon, ist jetzt in die Departements Côte d'or, Saône et Loir, Ain, Yonne eingetheilt.

heutigen Tages fast nur noch Pferde, die aus einer Kreuzung desselben mit Percherons Hengsten oder Landbeschälern herrühren. Die Departements Regierung hat den Vortheil der Zucht starker und guter Arbeitspferde längst begriffen und nicht unerhebliche Opfer für die Einführung von Hengsten aus der Normandie und Perche gebracht.

15) Pferde aus Nivernais*)
(chevaux nivernais).

Die hierher gehörigen Pferde, im Handel allgemein als »nivernais« bezeichnet, werden in den Departements Yonne, Loiret und Nièvre gezogen. Diese Gegenden, ehemals Mittelpunkt des alten Galliens, sind schon von jeher durch ihren Reichthum an Holz und Wiesen berühmt gewesen, und wenn gleich von einer sehr verschiedenen geologischen Bildung, doch überall, wie auch schon in den ersten Zeiten der französischen Geschichte, der Pflanzen- und Thierproduction außerordentlich günstig.

Die Pferdezucht bietet, je nach den Localverhältnissen, mancherlei Verschiedenheiten dar; einige thonkalkhaltige Ebenen des Gatinais**) bringen gedrungene, starke Pferde in den Handel, die in Betreff ihrer vorzüglichen Eigenschaften oft den Percherons nicht nachstehen, wenn sie allerdings auch nicht so elegant sind, als diese. Die Puisaye***), mit ungleichem, oft feuchtem Boden und vielfach von Hecken durchschnitten, züchtet vorzugsweise. Ihre Fohlen werden theils mit 7—8 Monaten, theils anderthalbjährig, nach den angrenzenden Gegenden verkauft, wo man sie später zur Arbeit verwendet. Die ganz jung exportirten wandern gemeinhin nach dem Nièvre, wo sie 1 bis 1½ Jahre

---

*) Ehemalige Provinz, jetzt fast ganz das Departement Nièvre.
**) Ehemalige Landschaft, jetzt zum größten Theile in die eben genannten Departements vertheilt.
***) Kleiner Landstrich im Departement Yonne.

mit den dort gezogenen Fohlen bleiben und dann erst nach den mehr Ackerbau treibenden Gegenden gebracht werden. In den kalkhaltigen Gegenden im Osten der Puisaye und in den reichen Ebenen Nieder=Burgunds (Basse Bourgogne), wo man die in der Gegend von Saint Fargeau (Departement Yonne), im Nièvre und bis nach der Franche Comté hin aufgekauften Fohlen groß zieht, halten die Landwirthe viel mehr Pferde als sie zu ihrer Arbeit eigentlich brauchen nnd können dieselben daher ganz besonders schonen. Dieser Industriezweig der Puisaye erstreckt sich in ziemlich gleicher Weise über einen großen Theil von Nieder=Burgund. So findet man im Arrondissement Avallon (Departement Yonne) einige Cantone, die Fohlen züch= ten, andere die nur Aufzucht treiben und endlich wieder solche, die je nach den wirthschaftlichen und Handels=Conjuncturen, beide Zwecke verfolgen. Da, wo man vorzugsweise züchtet, im Thale von Serein, in der Umgegend von Gaillon, Isle, verkauft man die Hengstfohlen und behält die Stutfüllen, mit Ausnahme einiger weniger, die man nach den Departements Lozère, Cantal, Aveyron ausführt, wo sie zur Maulthierzucht Verwendung finden. Zu letzterem Zwecke wählt man in der Regel die ge= ringsten und billigsten aus.

Heutzutage wird in der Puisaye und dem Nièvre hauptsächlich mit Percherons gekreuzt und fast alle Landwirthe, die Deckhengste halten, beziehen dieselben aus der Gegend von Chartres. Race= hengste finden nicht viel Verwendung, da der schwere Boden die Benutzung feinerer Pferde nicht gut gestattet, auch die periodische Augenentzündung der Verbreitung des Racepferdes mancherlei Hindernisse entgegenstellt.

16) Pferde der Comté*)
(chevaux comtois).

Wir finden das sogenannte **Hochburgunder** Pferd auf den kalkhaltigen Bergen der Departements **Ain, Jura, Doubs, Haute Saône** und in den Ebenen, die sich von den Quellen dieses Flusses bis nach **Reyssouse** erstrecken. Die stärkeren Pferde werden auf den höher gelegenen Plateaux, die leichtern in dem großen Thale der **Saône** gezogen. Diese Vertheilung erscheint auch natürlich, denn die Stärke der Pferde steht mit der Fruchtbarkeit des Bodens überall im Einklang. Die Weiden von **Morteau, Russey** und **Maiche** erzeugen mehr und nahrhaftere Gräser, als die Ebenen des Departements **Haute Saône**, welche zum Theil sehr kiesig sind.

Man erkennt den Typus der Pferde der Comté an dem langen und oft eingesattelten Rücken, den niedrigen Lenden, dem dünnen Halse, großen Kopfe und der abhängigen, aber breiten und flachen Kruppe, den schwachen Gliedern, dem schmalen Vorarm und den oft dünnen Sehnen. Von den andern starken Zugracen unterscheiden sie sich, sowohl durch ihre Formen, als durch die Art der Aufzucht. Man castrirt sie nämlich jung, um der Vorhand eine größere Leichtigkeit zu geben.

In der **Franche Comté** werden die Fohlen sehr öconomisch aufgezogen und sehr jung zur Arbeit verwendet. Man behandelt

---

*) Comté oder Franche Comté (Hochburgund), ehemals Provinz mit der Hauptstadt Besançon, jetzt die Departements **Doubs, Haute Saône, Jura**.

sie mit Sanftmuth und strengt sie selten übermäßig an, aber man ernährt sie mangelhaft und hält sie in schlechten Ställen; Hafer bekommen sie aus Grundsatz fast gar nicht. Die Züchter fürchten nämlich, wie sie sagen, daß Körnerfutter die Pferde schwerer regierbar macht; sie wollen folgsame Fohlen und erhalten mittelmäßige Pferde.

Zwischen der Franche Comté und der Schweiz findet ein beständiger Pferdehandel statt. Die französischen Landwirthe holen Fohlen aus dem Canton Bern, um durch dieselben ihre einheimische Race feiner und ansehnlicher zu machen, während ihre Schweizer Collegen 6—8 monatliche Saugfohlen in Frankreich kaufen, um sie später als selbstgezüchtete wieder zu verkaufen. Einige Fohlen wandern auch von den Bergen des Doubs in die Ebenen der Saône, und nachdem sie hier 1 bis 1½ Jahre zugebracht, in das sogenannte Becken von Paris (Seite 11). Nachdem sie dann in den Departements Seine et Marne und Seine et Oise gut mit Körnern gefüttert worden sind, kommen sie endlich als Percherons oder Boulogner Pferde wieder in den Handel.

Die in der Comté bleibenden Pferde werden auf die Märkte von Châlon sur Saône, Montmerle und Lyon gebracht und vielfach zum Postdienst in der Dauphiné u. s. w. verwendet. Man exportirt auch Stuten bis in die Departements Aveyron und Cantal, um Maulthiere davon zu züchten.

Leider findet man auch hier die Uebelstände, deren schon bei einigen andern Racen Erwähnung gethan ist. Der Züchter, sicher seine Fohlen sehr jung zu verkaufen, legt nicht genug Wichtigkeit auf die Wahl der Zuchtthiere; so benutzt er z. B. oft mit periodischer Augenentzündung behaftete Mutterstuten und junge schwere Hengste, in der Hoffnung, von letzteren recht zeitig sich entwickelnde Fohlen zu erhalten.

Seit undenklichen Zeiten sind die Pferde der Comté mit schweizer Racen gekreuzt worden. Wie dies Verfahren und der Handel vor sich geht, ist schon oben erwähnt worden. Wir wollen nur noch die Bemerkung hinzufügen, daß die Berner Pferde, die fast dieselben Mängel als die französischen haben, für letztere keine großen Verbesserungen schaffen können. Nur feiner sind sie und ihrem Einflusse kann man vielleicht das Vorkommen einiger etwas edler aussehender Pferde zuschreiben, die man hin und wieder auf den Märkten von Rozeroy, Pontarlier und Lons le Saunier findet.

In neuerer Zeit hat man vielfach Percheronshengste benutzt, um die Fehler der Comté Race zu beseitigen. Sie haben auch ihren Nachkommen einen mehr gedrungenen, kurzen Körper, kräftigere Lenden, eine weniger abhängige Kruppe, einen besser aufgesetzten Hals, weniger langen und mehr ausdrucksvollen Kopf, besser gestellte Gliedmaßen und stärkere Sehnen gegeben. Die Franche Comté ist, ebenso wenig wie die anderen östlichen Provinzen, für Verwendung von Racehengsten geeignet, da die Landwirthe der Saône Ebenen, im Doubs, Côte d'or, Haute Saône im Allgemeinen mehr gewöhnt sind, ihr Heu und Getreide zu verkaufen und daher nur, wie in der Champagne, die zu ihrer Arbeit nothwendigsten starken Pferde halten. Dessen ungeachtet haben einige Pächter in der Gegend von Jussey, Pesmes, Saint Aubin, Petit Nois, wo leichterer Boden ist, einige gute Racepferde gezogen.

17) Pferde von la Dombes
(chevaux dombistes).

Die unter diesem Namen bekannten Pferde werden auf dem Plateau zwischen der Saône und Rhône, im Südwesten des Jura Gebirges, in den Arrondissements Trévour und Bourg gezogen. Sie bildeten früher eine gute und sehr alte Race. Die Herzoge von Savoyen, denen die Bresse*) und La Dombes**) gehörten, hatten in der der Nachbarschaft des Moores von Echets ein großes hippologisches Etablissement gegründet, in dem sie orientalische Pferde unterhielten. Damals sollen ausgezeichnete Pferde im Lande gezogen worden und noch heute der orientalische Typus bei einigen Thieren nicht zu verkennen sein.

Die Pferde von La Dombes sind von mittlerer Größe, haben einen langen und dünnen Körper, etwas flache Rippenwölbung, einen gut entwickelten Widerrüst und eine oft schmale Brust; der lange Hals trägt einen edlen, wenn auch bisweilen starken Kopf. Die Extremitäten sind fein und nervig, aber nicht

---

*) Bresse, ehemalige Grafschaft, jetzt zu dem Departement Ain (Burgund) gehörig.

**) La Dombes, ehemaliges Fürstenthum mit der Hauptstadt Trévour, jetzt ebenfalls zum Departement Ain gehörig.

Die Pferde der Bresse werden von den französischen Hippologen zur Burgunder Race gerechnet, dahingegen die Pferde von la Dombes als eine für sich bestehende Race betrachtet. Letztere hält man für edler, obgleich nicht zu leugnen ist, daß die Unterschiede zwischen Beiden immer mehr verschwinden.

immer gut gestellt, die Haut dünn, das Haar fein, von brauner-, Fuchs- oder Schimmelfarbe. Wie bei allen Pferden, die nicht Hafer genug erhalten, sind die Muskeln, namentlich an den oberen Parthieen der Gliedmaßen, nicht hinlänglich entwickelt. Die aus den der Saône näher gelegenen Ortschaften stammenden Pferde sind stärker und besser constituirt, als die aus dem Innern der Provinz kommenden.

Oft genug verstehen die Züchter ihr Interesse nicht wahrzunehmen; sie verkaufen ihre guten Stutfohlen und behalten die mangelhaften, die sie von ganz jungen Hengsten bespringen lassen, in der Meinung, auf diese Weise Fohlen von schneller Ausbildung zu erhalten. Die früher eingeführten Cotentins und später verwendeten Percherons und Anglo-Normannen Hengste, haben zwar einen vortheilhaften Einfluß auf die Gestaltung der Race ausgeübt, ein großes Resultat kann indeß nur durch eine gründliche Veränderung in der Art der Aufzucht erreicht werden. Das bisher übliche Verfahren dabei ist nämlich folgendes: Während des ganzen Winters erhalten die Thiere nur Stroh und schlechtes Heu und werden dann bei den ersten schönen Tagen mit den Kühen in die sogenannten Teiche geführt, wo sie oft bis an die Knie, sogar bis an den Bauch, im Wasser waten müssen, um einige Pflanzen zu erreichen. In einigen Gemeinden werden die Stuten auf den Weiden sogar noch aus freier Hand besprungen. Kurz vor dem Verkaufe füttert man sie mit mehlhaltigen Nahrungsmitteln, mit Buchweizen, Mais, ganzen oder geschroteten Bohnen und führt sie dann in Abtheilungen, längst der Saône, nördlich in das Bugey (Landschaft im Departement Ain), die Dauphiné und Provence. Ausnahmsweise kommen auch einige bis in die Umgegend von Paris.

Ein anderer Beweis für die Nothwendigkeit einer gründlichen Reform in der Art der Ernährung, liegt auch darin, daß die Fohlen bis zu 1½ bis 2 Jahren ein ziemlich schönes Aussehn haben; nach dieser Zeit verändern sie sich aber zu ihrem Nachtheil, bekommen ein gemeines Aussehn, Gelenkgallen, einen dicken Bauch und werden auch oft genug blind. Vierjährig sind sie oft weniger werth als zweijährig.

Unter den Pferden des Arrondissements Trévoux herrscht auch eine Hautkrankheit, die angeblich durch normännische Hengste eingeschleppt sein soll. Da man sie indeß in der Normandie nicht beobachtet, so ist vielmehr anzunehmen, daß sie ihren Ursprung in den schlechten, unreinlichen Wirthschaften selbst hat. Sie ist erblich und muß man damit behaftete Pferde von der Zucht ausschließen.

18) Pferde der Dauphiné
(chevaux du dauphiné).

Die Departements Hautes Alpes, Drôme und Isère eignen sich wenig zur Pferdezucht. Das Erdreich ist theilweise nicht fruchtbar genug und hat auch an vielen Orten Mangel an Feuchtigkeit. Selbst da, wo der Boden von besserer Qualität ist, bietet das Land höchstens einen mittelmäßigen Culturzustand dar. — Im Allgemeinen paßt die Dauphiné besser zur Aufzucht, als zur eigentlichen Zucht; zu diesem Behufe bezieht sie ihre Fohlen und Maulthiere zwar zum Theil aus der Provinz selbst, insbesondere aber aus den Departements Ain, Jura, Doubs, Haute Saône, Haute Marne und Meurthe.

Die Landwirthe aus den Drôme, Isère und Alpes Departements, wählen auf den Märkten niemals die stärksten Thiere aus. Sie kaufen sogar vorzugsweise ihre Fohlen aus Gegenden, die nur kleine Pferde erzeugen, wie aus den Bergbezirken des Departements Ain. Auch die Maulthierzucht hat daselbst eine ziemlich bedeutende Entwickelung genommen. Das einzige Arrondissement la Tour du Pin (Departement Isère), dasselbe, wo auch die Pferdezucht die meiste Bedeutung hat, besitzt 7—8000 Mutterstuten, von denen 1500—2000 von Eselhengsten gedeckt werden.

In den fruchtbaren Thälern und den Gegenden mit kräftigem Boden, nach Tour du Pin, Virieu, Lemps (ebenfalls Dep. Isère) zu, sind die Pferde auch schwerer. In diesen Cantonen zieht man Pferde, die stärker und eleganter, als die alte

Race sind und in großen Mengen nach den Departements Drôme, Hautes und Basses Alpes ausgeführt werden, wo sie der periodischen Augenentzündung weniger ausgesetzt sind.

In den mageren Cantonen sind die Pferde klein, nervig, mit starken Köpfen, trocknen und behaarten Beinen, tiefem Rücken, dünnem Halse. Die Pferde von Isle d'abeau (Dorf im Departement Isère) sind schwarz, klein, mit starkem, gebogenem Halse, abhängiger Kruppe ꝛc. und besser, obgleich weniger bekannt, als die aus dem Bourgoiner Moor (Departement Isère).

In dem Departement Isère hat man durch die Einführung von Percherons und normännischen Hengsten und Stuten recht erfreuliche Resultate erzielt. Nur ist zu bedauern, daß die Züchter nicht die gehörige Ausdauer besitzen, um das vorgesteckte Ziel mit derjenigen Beharrlichkeit zu verfolgen, die bei allen landwirth=schaftlichen Verbesserungen erforderlich ist. Wenn die ersten Kreu=zungen auch unvollkommene Producte geben, so ist dies noch durchaus kein Grund, gleich wieder von der gewählten Race ab=zugehen. Einen nachhaltigen Erfolg wird man oft erst in der 3ten oder 4ten Generation sehen.

II.
Kutsch- und Reitpferde.

Obgleich diese Pferde, hinsichtlich ihrer äußeren Formen und Eigenschaften, vielfache Verschiedenheiten unter einander zeigen, so haben sie doch das gemeinschaftlich, daß alle einer besondern Sorgfalt in der Aufzucht bedürfen und in denjenigen Characteren übereinstimmen, die das sogenannte edle, feine Pferd kennzeichnen, sowie, daß sie wegen ihrer hohen Preise und Leichtigkeit ihres Körpers weniger vortheilhaft zu landwirthschaftlichen und andern Industrie Zwecken verwendet werden können.

Die Carossiers, die sich durch ihre Leistungen und Formen auszeichnen und für die schwere Cavallerie und den Kutschdienst sehr gesucht, daher auch ein wichtiges Handelsobject sind, bilden darunter eine sehr interessante Gruppe.

Die Carossiers müssen groß sein, eine gut entwickelte Vorhand, einen mäßig starken, leicht gebogenen Hals und eine abgerundete, mit kräftigen Muskeln versehene Kruppe haben. Solche Bildung verleiht den Thieren eine graziöse Haltung und dem ganzen Gespanne, was besonders erwünscht ist, ein elegantes Aussehen. In dem Maße, als sich die Straßen verbessern und die gewöhnlichen Arbeitsracen vervollkommnen, wird indeß der

Unterschied zwischen einem guten Post- und Kutschpferde immer mehr verschwinden und die Zeit sicherlich nicht fern sein, wo man aus derselben Race die schönsten und elegantesten Thiere für den Luxus, die stärksten und ausdauernsten für den Postdienst auswählt. Zur Zucht der Carossiers dient das englische Halbblut, besonders das Jagdpferd, mit kräftigen Formen, und das englische Vollblutpferd. Dergleichen Hengste haben indeß meist einen großen Werth und werden daher fast ausschließlich vom Staate gestellt.

Sehr nothwendig dürfte es sein, der eigentlichen Zurichtung der Pferde in Frankreich eine größere Aufmerksamkeit zuzuwenden. Alle Jahre gehen aus dem Lande beträchtliche Summen für den Ankauf hannöverscher und englischer Luxuspferde, die zum Theil nicht einmal die guten Eigenschaften der eingeborenen Pferde besitzen; sie sind weniger stark, haben oft weniger Feuer und verbrauchen sich schneller, aber sie bieten den Vortheil dar, daß sie bereits fertig sind und ohne Weiteres gebraucht werden können.

In Frankreich giebt es zwei große Mittelpunkte für die Zucht von Luxuspferden. Die starken, zu Kutsch- und schweren Cavallerie Pferden geeigneten, werden in den Niederungen des westlichen und nordwestlichen Frankreichs; die leichten, mehr zum Reitdienst passenden, dagegen in den Berg-Thälern des mittlern und südlichen Frankreichs, im Limousin und den Pyrenäen gezogen. Wie bereits bei Gelegenheit der einzelnen Arbeitsracen erwähnt, so finden sich auch Race Pferde in der Franche Comté, Lothringen, der Champagne, Isle de France u. s. w. zerstreut. Die Hengst-Depôts von Besançon, Abbeville, Montier en der, Rozières, Straßburg geben feine Hengste an diese verschiedenen Gegenden ab. Auch haben die Departements Ain, Aisne, Ardennes ꝛc. dergleichen zur Verfügung der Züchter gestellt, die aber aus mancherlei Gründen im Allgemeinen nur wenig Gebrauch davon machen.

1) Normännische Pferde
(chevaux normands).
(Anglo-Normannen.)

Diese Benennung bezieht sich weder auf die Pferde der oberen Normandie, die cauchois (Seite 30), oder auf die Arbeits-Racen der Departements la Manche und Orne (bidets normands, Seite 24), noch auf die starken Karrenpferde von Calvados und Eure (augerons, Seite 27), sondern ausschließlich auf die Kutschpferde, welche aus den Departements Orne, Calvados und la Manche über ganz Frankreich verbreitet werden. Die geologische und klimatische Beschaffenheit der Normandie, die ungeheueren Jura Lager, die Alluvialschichten, welche die Grundlagen der Thäler bilden, die Nachbarschaft des Meeres ꝛc. sind der Erzeugung einer gesunden, an Nährstoffen reichen Pflanzenwelt, überaus günstig; die Thiere gedeihen dort ohne große Sorgfalt, erlangen schöne Formen und vortreffliche Eigenschaften. Die periodische Augenentzündung, die auf die Pferdezucht in vielen andern Gegenden so nachtheilig einwirkt, ist dort unbekannt.

Ehemals bildeten die normännischen Pferde zwei verschiedene Racen:

A. Die Cotentins, welche man im Nordosten des Cotentin, heutzutage den Arrondissements Saint Lô und Valognes (Departement Manche) entsprechend, und dem Theile des Departements Calvados, welchen man das Bessin nannte, und der die Umgegend von Bayeux in sich begreift, sowie in einigen andern Theilen des Calvados und der la Manche zog, waren von hohem Wuchse, am häufigsten braun, wenn sie aus dem Calvados, und schwarz mit Abzeichen am Kopf und Füßen, wenn sie aus der la Manche stammten. Beide gaben starke Wagen= und schwere Cavallerie Pferde ab, obgleich die aus dem eigentlichen Cotentin weniger groß und besser proportionirt waren.

B. Melleraults, so genannt nach der Gegend des Departements Orne, woher die Besten kamen. Diese waren weniger stark, aber nerviger und edler, gemeinhin braun oder braunroth, und gaben gute Reit= und Tilbury Pferde ab. Sie hießen auch Alençonner Pferde.

Diese beiden Racen unterschieden sich wesentlich durch ihre Körperbeschaffenheit. Die Cotentiner erlangten auf den üppigen, aber feuchten Weiden der La Manche eine große Entwickelung, während die Pferde des Orne Departements auf den Jura haltigen Erhebungen und in den kleinen Tertiär Thälern der Eure und Orne, wo das Gras zwar von ausgezeichneter Beschaffenheit, aber weniger üppig ist, mehr Feinheit, Leichtigkeit und Lebhaftigkeit besaßen. Beide wurden häufig, zum Theil jung, nach den Ebenen von Caen und Alençon ausgeführt und hier aufgezogen.

Heutzutage findet man nur noch Ueberreste dieser alten Racen ausnahmsweise in einigen abgelegenen Pachthöfen, oder bei solchen Landwirthen, die sich von jeder Neuerung deßhalb fernhalten, weil ihnen vielleicht die ersten Kreuzungen normännischer Stuten mit Rennpferden nicht geglückt sind.

Das was hier von der normännischen Race gesagt werden wird, bezieht sich also nicht auf die alte Race, mit fleischiger, sehr abhängiger Kruppe, starkem, gebogenem Halse, großem, gewölbtem, trocknem Kopfe, ruhigem Temperamente, sondern auf die neue Race, die unter dem Namen „Anglo-normannische" in den nämlichen Gegenden der Departements Manche, Orne und Calvados zu Hause ist. Sie bietet überall übereinstimmende Charactere dar, weil sie ja auf dieselbe Weise gezüchtet wird und nur in Betreff der Größe und Stärke finden sich, je nach der Fruchtbarkeit der Gegend und der Beschaffenheit der Beschäler, einige Unterschiede.

Die Pferde der neuen normännischen Race, Anglo-Normannen genannt, um ihre Abstammung anzudeuten, sind groß, schlank, mit mäßig runder Rippenwölbung, gut gebautem Widerrüst, gradem Halse, mittelmäßig großem, vorn nicht gebogenem Kopfe, gut geformter Kruppe und hohem Schweifansatze, regelmäßigen Gliedmaßen (die Hinterbeine sind oft etwas nach rückwärts gestellt), aber bisweilen mit etwas schwachen Gelenken; auch sind die Sprunggelenke nicht immer von Absätzen frei. Sie besitzen ein sanguinisches Temperament, haben viel Feuer nnd ausgezeichnet schnelle Bewegungen und sind gewöhnlich braun in verschiedenen Nüancirungen. Bisweilen findet man auch im Cotentin Pferde, die zwar die schwarze Farbe der alten Race bewahrt, dabei aber die Formen der englischen Race angenommen haben.

Diese Pferde halten die Mitte zwischen der alten normännischen und der jetzigen Rennrace. Früher sah man Thiere, die der ersten durch die abhängige, fleischige Kruppe und der letztern durch den graben Hals und leichten Kopf glichen, während andere den langen, starken, gebogenen Vorderkopf des französischen und die horizontale, wenig fleischige Kruppe des englischen Typus hatten. Jetzt zeigt die Race eine viel größere Gleichartigkeit.

Die Anglo-Normannen haben weniger Körper und Brust und vielleicht ein schwächeres Untergestell, als die alten Normannen, aber einen viel schönern Hals und Kopf, eine längere und horizontalere Kruppe, schrägere Schultern, viel mehr Energie und Feuer und zwar harte, indeß viel schnellere Bewegungen.

Die Eingangs erwähnten beiden großen Mittelpunkte der Pferdezucht in der Normandie sind getrennt geblieben. Für den einen ist hauptsächlich das Hengstdepôt von Saint Lô, für den andern das Gestüt Pin bestimmt.

Der erstere repräsentirt die reichen Gegenden der untern Normandie, die alle günstigen Bedingungen — Fruchtbarkeit des Bodens, Güte des Futters, Seeklima mit allen seinen Vortheilen, Feuchtigkeit der Atmosphäre, gemäßigte Temperatur — zur Entwickelung der Thiere in sich vereinigt. Vorzugsweise werden da auch die herrlichen Carossiers gezogen, die zu dem Rufe der Pferdezucht der Provinz so wesentlich beigetragen haben. Das Arrondissement Valognes steht in dieser Beziehung obenan. Drei Hengststationen, die wenig Kilomèters von einander liegen, nämlich Carentan, Saint Cosme und Saint Mère Eglise, zeugen von der Wichtigkeit, welche die Gestütsverwaltung auf die Pferdezucht dieser Gegend legt.

Der zweite liegt in dem Departement Orne. Er besitzt ein weniger mildes Klima im Winter und ein heißeres im Sommer; die Thäler sind enger und die Jurahaltigen Erhebungen abhängiger und nicht so fruchtbar, als in den näher am Meere gelegenen Gegenden. Daher sind auch die Pferde leichter und mehr zum Reit= als Kutschdienste geeignet. Im Uebrigen hat die Nachbarschaft des großen Gestüts Pin, wo stets mit die besten Hengste unterhalten wurden, immer günstig auf die Pferdezucht des Merlerault eingewirkt.

Wenn man die großen Carossiers aus den Thälern von Auge und dem Thale des Contentin, mit den Reitpferden aus dem Merlerault und Pin mit einander vergleicht, so ist der Unterschied zwischen beiden Arten von Pferden in die Augen fallend. Nicht so scharf tritt er zwischen den Contentinern aus der Gegend von Saint Lô einerseits, und den an den Ufern der Sarthe gezogenen Alençonnern anderseits hervor; die erstern nähern sich durch ihre gefälligen Formen den **Merle-** **raults** und die andern durch ihre Stärke den großen Carossiers. „Die auf den fetten Weiden von **Mesle sur Sarthe** aufgezogenen Pferde, unterscheiden sich, sagt **Gillet**, durch mehr Masse und abgerundetere Formen, während die im **Merlerault** gezogenen Pferde sich durch trocknere Formen und größere Sensibilität bemerkbar machen."

Mit jedem dieser Mittelpunkte für die Zucht steht ein Mittelpunkt für die Aufzucht in Verbindung. In den schönen, fruchtbaren und angebauten Ebenen von **Caen** erlangen die Pferde den wünschenswerthen Körperumfang, um schöne Kutschpferde abzugeben. Obgleich die Ebenen von **Alençon**, die besonders die Fohlen aus dem Orne Departement erhalten, dieselbe geologische Beschaffenheit besitzen, so sind sie doch weniger fruchtbar. Sie liegen weiter vom Meere ab, haben keine so ausgebreitete Cultur und die Fohlen entwickeln sich weniger.

Die Gegend um **Caen** ist für das Kutschpferd das, was die um **Chartres** für das Postpferd ist. Dorthin importirt man auch gern die Race Fohlen, die in der **Bretagne, Anjou**, der **Vendé** und dem **Poitou** geboren werden. Nach vollendeter Aufzucht ist es dann oft nicht möglich, letztere von den wahren Normännern zu unterscheiden, weil sie väterlicherseits ebenfalls von einem englischen Hengste und mütterlicherseits oft von normännischem Blute abstammen, das ja zu allen Zeiten den Zugracen des Westens mitgetheilt ist.

Es würde überflüssig sein, heutigen Tages noch über den Werth des englischen Vollblutpferdes zur Verbesserung der Pferde der Normandie sprechen zu wollen. Wenn man so lange gesäumt hat, einstimmig die Vortheile desselben anzuerkennen, so ist der Grund lediglich darin zu suchen, daß man es oft ohne System angewendet, daß man zu leichte Hengste, mit schmalen Lenden, flachen Rippen, schwachen Beinen benutzt, daß man weniger auf die eigentliche Körperbeschaffenheit, als auf den Erfolg, den dieselben auf der Rennbahn erlangten, gesehen, und endlich, daß man verschiedene Fehler in der Aufzucht und dergleichen begangen hat. Auf diese Weise erhielt man häufig schwache, hochbeinige, langhüftige Pferde, die gegen die Benutzung des Vollblutpferdes einnahmen und somit die Umformung der Race verzögerten.

2) Pferde aus Conquet*)
(chevaux du Conquet).

Am äußersten Ende der Bretagne, nach Conquet, St. Renan, Ploubalmézeau und Trébahu zu, wird der Boden für die Zucht guter Pferde günstiger. Die Thäler sind nicht so tief als in der Gegend von Morlaix und die Weiden weniger feucht, dabei aber sehr fruchtbar. Man baut dort Klee, der während einer bestimmten Zeit als Weide benutzt wird.

In diesen Gegenden findet man starke Stuten mit kräftigen, trocknen Gliedmaßen, die viel Kraft mit ziemlicher Feinheit vereinigen. Einige sind Füchse oder Braune, andere Apfel- und Forellen Schimmel. Die Producte dieser Stuten sind seit langer Zeit unter dem Namen „Pferde aus Conquet" bekannt und ihre Zucht datirt seit der Einführung von Racehengsten. Die schönsten Fohlen werden heutigen Tages nach der Normandie verkauft, die geringern castrirt man und verwendet sie zu den Remonten; Stutfüllen behält man im Lande.

Wenn man nach Norden, von St. Renan nach Plabennec, Lannilis, Lesneven zu, das Gestade des Meeres verfolgt, so trifft man unter den starken Zugpferden einige Familien, die sich, vermöge ihres edlen Aussehns, den Carossiers nähern. Die Gegend von St. Pol de Léon (Seite 7) haben wir bereits hinsichtlich der Güte ihrer Pferde kennen gelernt; unter diesen nun, welche zum Postdienst bestimmt sind, giebt es viele, die

---

*) Le Conquet, Stadt und Gegend im Departement Finistère.

durch ihren langen cylindrischen Körper, leichten Kopf und ihre ziemlich feinen Beine sich vortheilhaft auszeichnen und gewissermaßen vollkommen sein würden, wenn die Schulter schräger und die Kruppe länger wäre. Derartige Stuten liefern indeß, sobald sie von gut fundamentirten Carossiers-Hengsten belegt werden, stets sehr gute Pferde, die allen Anforderungen eines Kutschpferdes entsprechen und auch häufig mit den Pferden aus Conquet verwechselt werden.

Zwei Dinge sind es aber leider, die der Zucht von Luxuspferden in der Bretagne hindernd entgegen treten, nämlich die periodische Augenentzündung und die Schwierigkeit des Absatzes. Was die erstere anbetrifft, so muß der Züchter vor Allem eine besondere Sorgfalt auf die Wahl seiner Mutterstuten und Hengste verwenden und alle diejenigen von der Zucht ausschließen, die aus Familien stammen, in denen die Krankheit einheimisch ist; dann aber muß er die Fohlen entweder im Stalle mit guten Körnern ernähren oder sie auf solche Weiden bringen, wo die periodische Augenentzündung am wenigsten Verwüstungen anrichtet. Nur allein auf diese Weise kann dem gefährlichen Leiden Einhalt gethan werden.

3) Pferde aus Carhaix*)
(chevaux carhaisiens).

Die Reitpferde der Bretagne werden in den Thälern von Corlay, Gouarec, Rostrenen, Carhaix und im Cornouailles**) gezogen. Lange Zeit wurden sie mit den sogenannten Kleppern (bidets) verwechselt, aber sie sind edler, haben einen leichtern Hals, höheren und schärferen Widerrüst, mehr hervortretende Hüften, längere Schultern, eine weniger beladene Kruppe und schönern Kopf, als die Klepper, deren bereits Erwähnung gethan ist (Seite 7). Diesen sind sie das, was die Carossiers den Arbeitsracen gegenüber sind.

Ueber die ganze Bretagne verbreitet, vorzugsweise jedoch in den oben erwähnten Gegenden gezogen, sind die bretagner Reitpferde zwar bemerkenswerth durch ihre Kraft, Genügsamkeit und Fähigkeit die härtesten Strapazen zu ertragen, wurden aber wegen ihrer Kleinheit früher wenig begehrt. Heutzutage, nachdem man angefangen hat eine größere Sorgfalt auf ihre Zucht zu verwenden und in Folge der Benutzung arabischer, englischer und arabisch-limousiner Hengste aus den Depôts von Lamballe und Langonnet finden sie viel mehr Verwendung und liefern namentlich auch ein bedeutendes Contingent für das Remontedepôt von Guingamp. Die Stationen Carhaix, Callac, Rostrenen, Corlay, Loudéac bilden die Mittelpunkte der Zucht.

Rostrenen, Corlay zählt 6 bis 7 Hengste, unter welchen sich immer einige rein arabischen Blutes finden.

---

*) Stadt und Gegend im Departement Finistère.
**) Ehemalige Landschaft in der untern Bretagne mit der Hauptstadt Quimper-Corentin, jetzt in den Departements Finistère, Côtes du Nord, Morbihan.

4) Pferde aus St. Gervais
(chevaux de Saint Gervais).

Diese Pferde führen ihren Namen nach einem Moor im Departement Vendée, der sich südlich von St. Gilles bis nördlich nach Machecoul erstreckt und durch den kleinen Fluß Falleron begrenzt wird (Seite 20).

Weder bei St. Gervais, noch im Poitou überhaupt, existirte früher eine Luxusrace im eigentlichen Sinne. Erst gegen Ende des vorigen Jahrhunderts hat man einige normännische Hengste und Stuten von der alten starken Race eingeführt und damit theils rein gezüchtet, theils mit Poitou Stuten gekreuzt. Die Nachkommen derselben besaßen die Fehler und Eigenschaften der alten cotentiner Race, nämlich hohe Beine, einen dicken Hals und langen Kopf. Fohlen, die später nach der Normandie gebracht und dort aufgezogen wurden, unterschieden sich von den eingebornen Pferden zwar nicht in ihren äußern Formen, waren aber viel weichlicher und hatten namentlich auch das Temperament des alten Poitou Schlages. Früher gingen alle Bemühungen der Pferdezüchter in der Vendée dahin, die cotentiner Race einzuführen und erst als man die Nothwendigkeit empfand, die letztere mit englischem Blute zu kreuzen, fing man auch in der Vendée an englische Vollblut- und Halbbluthengste zu benutzen. Von diesen stammen nun die Pferde ab, welche Eingangs erwähnt sind. In der Regel werden die besten Fohlen nach der Normandie exportirt, die andern behält man im Lande für die Remonten; alle zeigen die Charactere der Anglo-Normannen.

Nach den Andeutungen, welche wir schon bei Besprechung der normänner Pferde gegeben haben, würde es somit unnütz sein, nochmals die Nothwendigkeit zu erörtern, daß man bei der Zucht der Carossiers besonders auf starke, schön gebaute Stuten und solche Racehengste zu sehen habe, die ein gutes Fundament besitzen.

Im Lande hat man die Erinnerung eines normännischen Hengstes, des Elephant bewahrt, der eine Familie von Pferden erzeugt hat, die alle die Eigenschaften der normännischen Race an sich tragen; desgleichen einiger englischen Hengste, wie des Sportmann, der von 1810 bis 1825 wesentlich zur Bildung der neuen Race beigetragen hat, des Amabis, der zu St. Gervais von 1838—1845 deckte und so vorzügliche Pferde erzeugt hat, daß die Züchter allen Fohlen den Namen ihres Vaters gaben.

In den andern Theilen des Poitou sind die Kutschpferde selten, obgleich man sich fast in allen Arrondissements mit der Zucht derselben beschäftigt. Im Allgemeinen werden die Fohlen nur von solchen Landwirthen groß gezogen, die eine wirkliche Zucht haben und die Thiere vor ihrer vollendeten Körperausbildung nicht zur Arbeit benutzen.

5) Pferde der Vendée.
(chevaux vendéens).

Die Waldgegend im Poitou (Seite 20) bietet im Allgemeinen eine sehr verschiedene Fruchtbarkeit dar. Der nordwestliche Theil ist häufig mit Haidekraut bedeckt und alle Hausthiere sind dort klein, während nach Osten und Süden der Boden vorzüglich ist und stärkere Thiere erzeugt.

Die Unterschiede zwischen den Pferden werden von drei renommirten Thierärzten des Poitou folgendermaßen beschrieben;

In dem Departement Vendée haben die Pferde aus der Waldgegend einen scharfen, sogenannten Karpfenrücken, einen dünnen, graben Hals, schweren, mehr viereckigen Kopf, eine Maulthierkruppe und starke Gliedmaßen ohne Behang. Sie sind feurig und ungeachtet ihrer schlechten Ernährung von sanguinischem Temperamente, dabei von großer Ausdauer und würden bei einer bessern Abwartung vortreffliche Pferde für die leichte Cavallerie abgeben (Ayraud de Fontenay).

Im Departement Deux Sèvres sind die Waldpferde schön groß, gut fundamentirt, mit einem hohen Widerrüst und runder Rippenwölbung, viereckigem gut angesetztem Kopfe und kräftigen Gliedmaßen (Ayrault de Niort).

Die Waldgegend unterhält Mutterstuten, die zum größten Theile mit Landbeschälern gekreuzt, vortreffliche Fohlen geben welche sich dem Typus des Limousiner Pferdes nähern und in Betreff ihres Gebäudes und der Eleganz ihrer Formen nichts zu wünschen übrig lassen. Die leichte Cavallerie bezieht von dort vortreffliche Remonten und die Pferdeliebhaber finden werthvolle Jagdpferde, die mit den besten englischen Ponys rivalisiren können (Michas in Saint Maxent).

Obgleich man nach diesen Beschreibungen ein sehr verschiedenes Bild erhält, so läßt sich doch nicht in Abrede stellen, daß der betreffende Theil des Poitou für die Zucht des leichten Pferdes von Bedeutung ist. Außerdem zieht die Waldgegend viele Pferde auf, die sie aus den Mooren und der Ebene erhält (Seite 23). Die Thiere, die hier eine weiche Constitution und ein lymphatisches Temperament haben, erlangen dort unter dem Einflusse der reinen Luft und des gesunden Bodens mit den feinen, saftigen Kräutern eine stramme Faser, schön abgegrenzte Muskeln, die Rippen runden sich ab, die Lenden biegen sich wieder grade, der Kopf wird trocken, das Auge ausdrucksvoll, die Haut fein und der Huf hart.

Der orientalische Hengst eignet sich am besten für die kleinen Pferde der Vendée und wird vorzugsweise in den weniger frucht= baren Gegenden verwendet. Mit kleinen untersetzten, stark knochigen englischen Vollblutpferden zieht man in den fruchtbaren Thälern des Departements Deux Sèvres auch vortreffliche Ponys auf, die einen großen Ruf besitzen.

6) Limousiner Pferde*)
(chevaux limousins).

Die Limousiner Race hat sich lange einer großen Berühmtheit erfreut. Sie lieferte für die leichte Cavallerie Pferde, die in Betreff ihrer Kraft, Frömmigkeit und langer Dauer kaum ihres Gleichen hatten.

Das Limousiner Pferd besaß einen schlanken, etwas langen Körper, trocknen, leicht gebogenen Kopf, dünnen, gebogenen, mit wenig Mähnen besetzten Hals, eine schmale Brust, und dünne, aber feste Beine; die knöchernen Erhabenheiten waren scharf gezeichnet, die Sprunggelenke breit und die Gelenke rein. Es ließ sich leicht dressiren, hatte geschmeidige und sichere Gangarten, bildete sich aber spät aus. Jetzt ist die Limousiner Race in ihren Formen verändert und die Zucht derselben überhaupt zurückgegangen.

In der neuen Race sind, wie in jeder, die erst im Entstehen begriffen ist, die Charactere wenig constant. Die schönsten Individuen verbinden mit dem Schnitte des englischen, die Genügsamkeit des orientalischen und altfranzösischen Pferdes.

In der Gegend von Pompadour, wo der Boden übrigens noch die günstigsten Bedingungen zur Pferdezucht bietet, findet man auch die schönsten Pferde. Gayot (Atlas statistique de

---

*) Limousin, alte Landschaft mit der Hauptstadt Limoges, ist heute der größte Theil der Departements Haute Vienne, Corrèze und Creuse.

la production des chevaux en France) bezeichnet die Verschiedenheiten der Pferde in den um Pompabour gelegenen drei Departements auf folgende Weise:

Das Fohlen von Haute Vienne, das von einer größern und stärkern Stute, in der englisches Blut vorherrscht, gefallen ist, wird fast immer ein Offizierspferd und Pferd für die Linien-Cavallerie geben.

Das Fohlen von Corrèze, grazil und mehr arabisch als englisch, überschreitet selten die Anforderungen eines Pferdes der leichten Truppe.

Das Fohlen von Creuse, größer und weniger edel, als die andern, giebt fast niemals ein Offizierspferd, aber ein gutes Soldatenpferd ab.

Das Fohlen von Haute Vienne ist theuerer, das von Corrèze mehr Handelswaare, das von Creuse am wenigsten begehrte. Man weiß, daß rein orientalisches Blut mit reinem europäischem und altem Limousiner Blute im Gestüte zu Pompabour gekreuzt worden ist; auch gab es 1847 und 1848 im Gestüt von St. Cloud sehr gute englisch-arabische Limousiner. Nach den guten Resultaten, die man aus der Vermischung der drei Racen erhalten hat, kann man daher die Möglichkeit, sehr gute Pferde im Limousin zu erzeugen, nicht bezweifeln, wofern man die nothwendigen Kosten zu einer entsprechenden Ernährung aufwenden wollte. Allein an die alte Limousiner Race braucht man nicht mehr zu denken, sie hat sich überlebt. Heutigen Tages verlangt man mehr Körper, den man lediglich durch eine kräftige Ernährung und zweckmäßige Auswahl geeigneter Beschäler schaffen muß.

Zur Erneuerung der Race würden englische und arabische Hengste ganz geeignet sein, wenn, wie angegeben, auch die andern Bedingungen erfüllt würden. Sie passen daher nicht für Stuten solcher Besitzer, die Mutter und Fohlen den ganzen Sommer auf den unfruchtbaren Haideflächen herumlaufen lassen und niemals eine Ration Hafer geben. Aus mancherlei Gründen dürfte indeß der arabische Hengst für die meisten Pachthöfe im Limousin den Vorzug verdienen.

Man hat ferner gute Resultate dadurch zu erreichen geglaubt, daß man Limousiner Fohlen in fruchtbareren Gegenden aufzog, und es hat sich zu diesem Zwecke der hippologische Verein von Pompadour gebildet, der sich die Aufgabe stellt, Fohlen anzukaufen, um sie im Poitou, Perigord (Departement Dordogne), der Saintonge (Departement Charente) unterzubringen, allein bis zu diesem Tage ist der Erfolg kein bedeutender gewesen und wird es auch voraussichtlich nicht sein. Denn man kann wohl nicht gut annehmen, daß sich Fohlen englischen oder arabischen Blutes auf den feuchten Weiden des Westens oder der Picardie entwickeln werden. Die Quantität des Futters, die ihre Verdauungsorgane aufnehmen können, enthält nicht Nährstoffe genug, die Fohlen bekommen einen großen Bauch, werden senkrückig und schwach von Muskeln. Sollte eine solche Dislocirung von Vortheil sein, so müßte man die Fohlen nach Gegenden bringen, wo sie entweder Weiden erster Qualität hätten, oder wo ihnen eine kräftige Ernährung mit guten Futterkräutern und Körnern zu Theil würde. Indeß ziehen die Landwirthe, welche ihren Fohlen eine solche Ernährung zu Theil werden lassen können, Arbeits-Racen den Reitpferden vor; die erstern bezahlen die Kosten ihres Unterhalts durch ihre Arbeit, verkaufen sich viel leichter und sind weniger mancherlei Nachtheilen ausgesetzt. Hier kommt also ganz besonders der öconomische Punkt in Betracht, denn Reitpferde werden zur Zeit nicht in dem Verhältniß bezahlt, was ihre Aufzucht kostet.

7) Pferde aus Navarra
(chevaux navarrins).

Unter dieser Bezeichnung begreift man die Pferde der Departements Hautes und Basses Pyrénées, Landes und Gers. Von den alten Racen dieser Gegenden und englischen oder arabischen Hengsten abstammend, zeigen sie in allen diesen Departements beinahe dieselben Eigenschaften. Zum Theil an Stelle der alten Racen von Bigorre, Navarra, Béarn und den Baskischen Provinzen getreten, sind sie in dem Maaße, als sie gleichartiger und sorgfältiger gezüchtet wurden, heutzutage von den Consumenten und namentlich für die Remonten sehr gesucht.

Ehemals bildeten die Pferde der oben genannten Gegenden mehrere ausgezeichnete, sehr renommirte Familien, die sich alle dem Typus des eigentlichen Navarra Pferdes näherten. Aus dem Andalusier entsprossen, zeichnete sich der kleine, feine Navarreser durch seinen diden Körper, niedrigen Rücken, starken und ein wenig gebogenen Hals, kräftiges Hintertheil, seine starken Schultern, kurze Vorarme, lange Fesseln und angenehme, mehr graziöse als schnelle, dem Typus der französischen Manège Pferde eigenthümliche, Bewegungen aus. Für die leichte Cavallerie und auch anderweitig als Reitpferd sehr geschätzt, brachte er seinem Züchter nicht unbedeutende Vortheile ein.

Die alten Racen findet man nur noch in den zur Pferdezucht am wenigsten geeigneten Gegenden, bei solchen Landwirthen, die das alte Hergebrachte lieben und in einigen Ortschaften, deren Thiere auf den Bergen einen großen Theil des Jahres ohne weitere Abwartung und Pflege zubringen. Mit wenigen Aus=

nahmen haben die Stuten, die zur Fortpflanzung der alten Race dienen, einen starken Kopf, eine eingezogene Brust, im Uebrigen aber keine besondern Formen und Eigenschaften.

Keine andere Gegend in Frankreich ist in Betreff der Fruchtbarkeit des Bodens und Klimas so verschieden als der nördliche Abhang der Pyrenäen. Hier sieht man nackte Hügel, Haiden, auf welchen sich kaum Schafe ernähren können, unfruchtbare Kiesflächen, mit den fruchtbarsten Ebenen abwechseln. Diese letzteren finden sich vorzugsweise längs der Flüsse und auf einigen breiten Plateaux und liefern, in Folge der bessern Bewirthschaftung und namentlich der Bewässerungen, welche die Bergströme so erleichtern, vorzügliche Erndten. Die fruchtbaren Gegenden gewinnen übrigens alle Tage mehr an Ausdehnung, und wie überall, so formen sich auch hier die Thiere nach dem Reichthume des Bodens.

Die besten Navarra Pferde finden sich in den Ebenen von Tarbes und im Campaner Thale (Dep. Hautes Pyrénées) nach Saint Martin und Bagnères en Bigorre zu.

Die Pferdezucht in den Pyrenäen wird hauptsächlich durch die Remontenankäufe und durch zahlreiche Consumenten aus den Städten des mittägigen Frankreichs begünstigt. Außerdem gehen viele Grundbesitzer der Departements Gironde, Lot et Garonne und Tarn et Garonne alle Jahre nach den Departements der Pyrenäen, Landes und Gers, um junge Pferde, hauptsächlich Stutfüllen zu kaufen und diese zum eigenen Gebrauche aufzuziehen. Die eine Gemeinde Moirax (Departement Lot et Garonne) allein kauft jährlich auf dem Markte in Lectoure (Departement Gers) 20—30 Fohlen.

Wie im Limousin, so werden auch in den Pyrenäen arabische und englische Hengste verwendet. Der arabische Hengst findet hier günstige Bedingungen: die schönen Stuten sind häufig, die Oertlichkeiten für die Pferdezucht geeignet und außerdem bringen die Züchter gern die erforderlichen Opfer, um schöne Füllen zu ziehen. Welchen Hengst man aber auch für die Navarra Stuten verwenden mag, vor allen Dingen muß man danach trachten bei den Fohlen die außerordentliche Feinheit der Sehnen zu verhüten. Dieser Fehler, welchen man stets in der Race gehabt hat und den man ehemals dem orientalischen Blute und den Rennen zuschob, ist ungeachtet verschiedener Kreuzungen und Veränderungen, die die alte Race erfahren, nicht ganz verschwunden.

Eine große Anzahl Züchter giebt für ihre Stuten arabischen Hengsten den Vorzug, von denen sie bestimmt wissen, daß sie, keine Fohlen mit eingezogener Brust, flachen Rippen, schmalen Lenden, wie ihnen das bei der Verwendung von zu hochbeinigen Rennpferden passirt ist, bekommen werden. Andere verwenden seit mehreren Jahren abwechselnd englische und arabische Hengste. Nachdem sie größere, aufgeschossenere Pferde durch englische Hengste erlangt haben, benutzen sie weiterhin arabische Hengste. Jedenfalls ist dies Verfahren zweckmäßiger als das, ausschließlich im ersteren Sinne zu handeln; allein noch besser würde es sein, nur allmählig auf Vergrößerung, durch kräftiges Futter und gute arabische Hengste hinzuwirken. Wie dem aber auch immer sei, soviel steht fest, daß alle diese Kreuzungen unterstützt durch eine besondere Sorgfalt, welche geschickte Züchter ihren Pferden angedeihen lassen, einen Typus erzeugt haben, der heutzutage beinahe in der ganzen Niederung des Ab our und im Departement Gers verbreitet ist, einen Typus, der nur einer größeren Uebereinstimmung, etwa nach dem Muster der zahlreichen und schönen, in den Ebenen von Tarbes gezüchteten Pferde bedarf.

Ebenso gut proportionirt wie die alten Navarreser, besitzen die Pferde der neuen Race einen bessern Rücken, ziemlich breite Lenden, hohen Widerrüst, einen schönen aufgesetzten Hals, edlen Kopf, eine horizontale Kruppe, weniger säbelbeinige Sprunggelenke und schrägere Schultern. Wie angeführt sind aber die Sehnen häufig noch zu fein.

8) Pferde aus Ariége
(chevaux ariégois).

Man findet in den östlichen und westlichen Pyrenäen, sowie im Departement Ariége, Hochebenen und Thäler, die für die Pferdezucht zwar sehr geeignet sind, aber keine Ebenen, die mit denen von Tarbes zu vergleichen wären. Auch haben die betreffenden Pferde, die übrigens zerstreut und in weniger großer Anzahl vorhanden sind, niemals den Ruf der Navarreser Pferde gehabt.

Man kann füglich hierher zwei Arten von Pferden rechnen, nämlich: die Pferde von Ariége und die der östlichen Pyrenäen, doch sind die ersteren die zahlreicheren und in Frankreich am besten bekannten. Klein, nervig, ziemlich häßlich, erkennt man sie leicht an ihrem Kopfe. Derselbe ist nämlich vom Scheitel bis unter die Augen stark, von da wird er plötzlich bis an's Ende der Nase schwächer. Sie sind arbeitsam, mäßig und versehen den Postdienst in den Departements Ariége, Aube, Haute Garonne, Tarn.

Die zweite Gruppe enthält die Pferde der Cerdagne (Landschaft in den östlichen Pyrenäen). Diese sind ziemlich kräftig, haben einen langen Körper und einen großen gebogenen, schmalen Kopf, doch fehlt es ihnen an der gehörigen Körperfülle. Früher wurden sie viel für den Gensd'armeriedienst verwendet.

Die Pferde von Ariége werden in den Thälern der Ariége namentlich auf dem linken Ufer derselben, in der sogenannten La Barguillère (die reichen Communen Foix, St. Pierre,

Genat ꝛc. umfassend) gezogen. Seit der Abschaffung der alten Feudalrechte besitzen diese Communen ehemals zum Consulat von Foix gehörige Berge, wohin sie alle Frühjahre die Stuten mit den Fohlen bringen. Ebenso werden die Pferde der östlichen Pyrenäen zu Hunderten auf den Weiden der Cerdagne und der ehemaligen Landschaft Conflens gezogen. Die Mehrzahl der Pferde gehören den Bergdörfern an und werden meist nach Spanien verkauft, während die Besitzer in den Thälern gewöhnlich ihre Pferde auf die Märkte der Ostpyrenäen und des Ariége bringen.

9) Pferde der Auvergne und Rouergue
(chevaux de l'Auvergne et du Rouergue).

Früher zog man in der Auvergne*) für den Gebrauch der bergigen Gegenden des südlichen Frankreichs eine vortreffliche Race, die einige Aehnlichkeit mit den Limousinern hatte und sich südlich bis nach der Rouergue**) verbreitete, aber in letzterer Provinz von geringerer Güte war.

Die Auvergner Race war von Eisenschimmelfarbe, ziemlich groß, mit hervortretenden Hüften, scharfem hohem Widerrüste, trocknen Beinen und breiten Sprunggelenken. Die Race der Rouergue dagegen war braun und hatte mit ihrem oben starken Kopfe einige Aehnlichkeit mit den Pferden aus dem Ariége. Wie die Auvergner Pferde waren sie mäßig, stark, geschmeidig und vortrefflich für die steinigen Abhänge dieser Gegenden geeignet; sie hielten viele Jahre aus und bedurften sehr wenig zu ihrem Unterhalte.

Die Auvergne producirte ehemals viele Pferde, die man sehr ökonomisch aufzog und vierjährig als Reitpferde verkaufte; die Rouergue hingegen erzeugte deren weniger.

Die Reitpferde, die man gegenwärtig in den Departements Cantal, Lot und Aveyron verwendet, werden meistens auf den Märkten der Auvergne gekauft und kommen zum Theil aus der Bretagne. Die Pferdezucht in diesen Gegenden ist zur Zeit gering, die Landwirthe legen sich mehr auf die Maulthier- und Rindvieh-Zucht, von der sie mehr Vortheile zu haben glauben.

---

*) Jetzt die Departements Puy de Dôme und Cantal.
**) Das heutige Departements Aveyron.

10) Pferde der Camargue*)
(chevaux de la Camargne).

Einige Moorgegenden des Languedoc und der Provence erzeugten ehemals Pferde, die im Süden außerordentlich geschätzt waren. Namentlich erfreuten sich die der Camargue eines großen Rufes. Die alte Race war kernig, gelenkig, abgehärtet, aber klein, hatte einen langen Körper, eine breite Stirn, gut entwickelte Ganaschen, kleine Ohren, trockene, regelmäßig gestellte Beine, gute, obgleich große Hufe, fängt aber an zu verschwinden, da das Pferd der Camargue in seinem ganzen Schnitte den Anforderungen der Jetztzeit nicht mehr entspricht.

Das Hengstdepôt zu Arles stellt für die Camargue die erforderlichen Hengste. Man hat eine Zeit lang Versuche mit einigen englischen Hengsten gemacht, aber die Züchter wollen von ihnen nichts wissen; sie finden sie zu groß, zu anspruchsvoll im Futter und gegen die Einflüsse der schlechten Witterung zu empfindlich. Auch behaupten sie, daß die auf dem sumpfigen Boden der Rhôneinsel wachsenden Pflanzen zu ihrer Ernährung nicht geeignet sind.

Nach ihrer Ansicht ist der arabische Hengst der einzige zur Kreuzung mit den Pferden der Camargue passende; seine Abkömmlinge sollen sich leichter dem wilden Leben und üblen Einflusse der bösen Jahreszeit anbequemen und den Entbehrungen, welche sie auferlegt, besser widerstehen können, als die von englischen Hengsten gefallenen Fohlen.

---

*) Fruchtbare Insel an der Mündung der Rhône.

11) Pferde aus Algier
(chevaux algériens).

Wenn man die Charactere der verschiedenen afrikanischen Pferde mit einander vergleicht, so muß man drei Gruppen unterscheiden:

1) Das Pferd der Sahara. Kleine Figur, gut proportionirter Körper, runde Rippenwölbung, breite Brust, lange und schräge Schultern, gut entwickelte Kruppe, schöner Schweifansatz, kräftige Schenkel, lange fleischige Vorarme, starke, trockne Sehnen, feste Hufe, gut angesetzter Hals, breite Stirn, kleiner, grader Kopf, breite Ganaschen.

Durch die feine Haut und das seidenartige Haar erinnert dasselbe an die schönsten Exemplare der arabischen Race. Es wird besonders in der algierischen Sahara gezogen und haben wir durch den General Dumas eine genauere Kenntniß desselben erhalten.

2) Das Berber Pferd. Es bildet die eigentliche Landrace Algeriens und ist stärker, als das vorige. Der Körper ist lang, der Brustkasten tief, aber oft platt, der Rücken ein wenig gewölbt, der Widerrüst schön entwickelt, der Hals ein wenig gebogen, der Kopf lang und trocken, die Kruppe scharf, die Ohren sind groß und die Haut, Haare und Mähnen weniger fein, als beim ersteren. Obgleich also die äußeren Formen manches zu wünschen übrig lassen und nicht so elegant sind als die des Sahara Pferdes, so besitzen doch die Berber Pferde eine ungeheuere Leistungsfähigkeit und ebensoviel Kraft und Dauer als dieses.

3) **Tunesische Pferde.** Diese Gruppe besteht aus größeren Pferden mit einem gut entwickelten, von kräftigen Muskeln bekleideten Körper, gebogenem Halse, langem, etwas gewölbtem Kopfe, fleischiger Kruppe und starken Beinen; Haut und Haar ist nur mittelmäßig fein. Tunis liefert zwar dergleichen Pferde für die algierische Gensdarmerie, doch werden sie auch in den reichen Ebenen von Chéliff und in den Thälern von Sétif (Provinz Constantine) gezogen. Das Tunesische Pferd ist eigentlich der in Folge reichlicher Nahrung mehr entwickelte Berber; es ist das Pferd aller feuchten, aber gesunden Gegenden der warmen Länder.

Aehnliche Pferde sollen sich auch in den fetten Gegenden Persiens finden.

Obgleich nun jede dieser angeführten drei Gruppen in bestimmten Oertlichkeiten vorherrscht, wie z. B. die Sahara Pferde nach Tebessa zu, die Tunesen in der Gegend von Sétif, und die Berber um Constantine herum und in den Ebenen der Provinz Algerien, so findet man sie doch auch in anderen Gegenden vielfach vertreten.

Außerdem sieht man fast überall in der Provinz kleine, dickbäuchige Pferde mit kurzer Kruppe, grobem Haar, steifen Mähnen, die zum Theil sehr stark und kräftig sind, sich alle durch eine große Genügsamkeit auszeichnen und vortreffliche Dienste leisten.

Seit der Eroberung Algiers ist die Frage: „ob das algierische Pferd eine eigene Race, oder einen Abkömmling des arabischen Pferdes bildet"? oft erörtert worden. Es ist indeß wohl wahrscheinlich, daß alle orientalischen Pferde gleichen Ursprungs sind, also von einer einzigen Race abstammen, und sich nur, je nach dem Lande ihrer Aufzucht, mehr oder weniger modificirt haben. Wenn nun die Berber Pferde geringer als die arabischen sind, so hat uns Abb-el-Kader darüber genügende Aufklärung gegeben:

„Es ist wahr, sagt der Emir, daß wenn auch alle algierischen Pferde arabischer Abkunft sind, viele von ihnen deshalb von ihrem Adel eingebüßt haben, weil man sie nur zu oft zur Arbeit, zum Lasttragen, Ziehen und ähnlichen Arbeiten verwendet, und weil man Stuten vom Esel bespringen läßt, was Alles früher bei den Arabern nicht vorkam. — Mein Vater, Gott sei ihm gnädig! pflegte zu sagen: seit dem wir aus unsern Rennern Last- und Arbeitsthiere gemacht haben, ist der Segen von unserm Lande gewichen. Hat Gott nicht das Pferd zum Laufen, den Ochsen zur Arbeit und das Kameel zum Tragen geschaffen?"

Die Frage dürfte also entschieden sein. Das Berber Pferd stammt vom arabischen Pferde ab; es hat im Allgemeinen dieselben Formen, den Schnitt und die Eigenschaften desselben, und wenn man in dem nördlichen Afrika wenig ganz ausgezeichnete Pferde findet, so liegt dies einfach darin, daß auf die Race nicht diejenige Sorgfalt, wie unter den Stämmen der Sahara und Arabiens verwendet wird.

Indeß braucht man sich über diesen sogenannten Verfall der Race nicht gerade zu beklagen, er beweist im Gegentheil, daß der Araber sich der Civilisation nähert. Die Hausthiere haben stets mit den Bedürfnissen des Menschen im Einklang gestanden, weil der Mensch sie für sich zurichtet, gerade wie er sich nach seiner eigenen Umgebung formet. Zu allen Zeiten haben die Araber für ihr freies, kriegerisches Leben, robuste, schnelle und genügsame Pferde gebraucht, während der Europäer mit seiner schweren Bewaffnung und seinen Reichthum an Futtergewächsen, stärkere, im Futter anspruchsvollere Pferde bedurfte. Von dem Augenblick an, wo nun der Araber anfing sein Pferd zum Ackerbau und Gewerbe zu verwenden, hörte der ausschließliche Zweck zum Kriege auf.

In Afrika mehr, als in Europa, sind die Pferde das Product natürlicher Einflüsse. Fast ohne Ausnahme ist die Race: groß in den wasserreichern Ebenen und Thälern in der Nähe des

Mecres; klein, untersetzt, mit großem Kopfe, langen Mähnen in den rauhern Berggegenden; und fein, markig, aber klein in den Sandflächen der Sahara, wo das Pferd verschwindet, um dem Kameele Platz zu machen. Und diese beständige Wechselwirkung zwischen den Thieren und der Fruchtbarkeit des Bodens erklärt uns den Unterschied zwischen der Pferdezucht der früheren und jetzigen Araber.

Es ist bekannt, welchen Ruf die Pferdezucht im nördlichen Afrika ehemals genossen hat; die numidische Reiterei war ja weltberühmt. Numidien allein soll jährlich mehr als 10,000 Fohlen erzeugt haben. Wenn dagegen in unsern Tagen auf den 39 Millionen Hectaren*) Land der Colonie viel weniger producirt wird, so kann man über die Ursachen nicht zweifelhaft sein. Gewöhnlich schiebt man die Schuld auf die beständigen Kriege der Araber, auf die Habgier der türkischen Chefs, welche die kleinen Stämme ihrer schönsten Pferde berauben, auf die Trägheit und Armuth der Araber u. s. w., allein diese Ursachen sind doch nur secundaire. Die bei weitem wichtigste ist die Veränderung des Klimas, in Folge der Entholzung des Bodens und der Entblößung der Felsen, wodurch das Land unfruchtbar geworden ist. Letzterem Umstande muß man auch die Entvölkerung dieser Gegend, die ehemals die Kornkammer des ungeheuern römischen Reiches war, zuschreiben.

Indeß, wenn auch der Provinz, und namentlich der muselmännischen Bevölkerung, die zum Betriebe einer bedeutenden Pferdezucht nothwendigen Bedingungen fehlen, so giebt es doch in diesem Theile Afrika's so ein gewisses Etwas, das eine gebeihliche Entwickelung der Pferde begünstigt, das sie stark, ausdauernd, genügsam macht und ihnen ein elegantes Aussehen, Hufe wie Stahl, elastische Gelenke und kräftige Muskeln giebt.

---

*) 1 Hectare = 3 preußische Morgen.

Eine Anzahl zweckmäßiger hippologischer Institutionen hat übrigens zur Zeit viel Schwung in die Pferdezucht gebracht. Dahin gehört unter Anderm die Einrichtung von Gestüten und Hengstdepôts, von Rennern ꝛc. In Algier, wie in Frankreich, hat sich außerdem von allen Mitteln zur Beförderung der Pferdezucht das am wirksamsten gezeigt, den Ankauf für die Armee direct, ohne Vermittelung durch Lieferanten, zu besorgen.

Die Araber beanspruchen bei einem Zuchthengste 4 breite Körpertheile: Stirn, Brust, Lenden und Gliedmaßen; 4 lange: Vorarme, Schenkel, Brust und Kruppe; 4 kurze: Lenden, Fessel, Schweif und Flanke. — Die Stute soll vom Eber den Muth und die Breite des Kopfes; von der Gazelle die Grazie, das Auge und den Mund; von der Antilope die Lebhaftigkeit und Klugheit; vom Strauße den Hals und die Schnelligkeit; von der Natter den kurzen Schweif haben.

Kreuzungen sind nicht beliebt, da die Araber ihre Pferde als die besten betrachten und liegen eigentlich auch nicht in ihrem Interesse. Im Besitz von wenig Futter, stets nur zu Pferde und ohne Gepäck, meist auf ungebahnten Wegen reisend, bedürfen sie genügsamer, leichter, schneller und sicherer Pferde. Und ihre Pferde entsprechen vollkommen allen ihren Bedürfnissen. Die Colonisten dagegen mit ihrem reichlicheren Futter, müssen starke Zugpferde züchten und führen deßhalb auch mit Vortheil Percherons (das Pferd von Mortagne) ein.

Die Pferde, welche vorzugsweise zur Kreuzung mit französischen Racen benutzt werden.

Das englische Vollblutpferd.

Bekanntlich gelten folgende 3 orientalischen Hengste als die Stammväter der heutigen englischen Vollblut Race *):

1) **Bierly Turk**, nach seinem Besitzer, dem Capitain Bierly genannt, hat einen großen Ruf als Beschäler erlangt; von ihm stammt die berühmte King Herods Familie.

2) **Darley Arabian**, in der Gegend von Palmyra geboren und 1712 in Aleppo von Lord Darley gekauft. Er ist der Vater des Flying Childers, geboren 1715, welcher als der beste bekannte Renner gilt.

3) **Godolphin Arabian**, vom Dey von Algier dem Könige Ludwig XV von Frankreich zum Geschenk gemacht, zog später in Paris auf dem Pont Neuf einen Wasserkarren und kam dann in den Besitz des Lord Godolphin. Er starb 1753, im Alter von 29 Jahren.

Diese Pferde sind die Stammväter von ebensoviel berühmten Familien, in die man heutigen Tages die meisten englischen Vollblutpferde eintheilt, nämlich:

---

*) cfr. Jacoby's Pferdebekenntniß. Erfurt. 3. Auflage. Geschichte des englischen Pferdes.

a. Die Familie des King Herob; dieser 1758 geboren ist der Vater von 495 Pferden, die von 1771 bis 1780 über 5 Millionen Francs gewannen.

b. Die Familie des Matschem, Sohnes des Luth, 1732 vom Godolphin geboren. Matschem 1748 geboren und 1781 gestorben, hat seinem Eigenthümer 425,000 Fr. Sprunggeld eingebracht. Man schätzt die Preise, welche seine Nachkommen von 1764—1786 gewonnen haben, nahe auf 4 Millionen Francs.

c. Die Familie Eclipse, Sohnes des Marske, der wiederum ein Sohn des Squiert, vom Darley Arabian durch Barletts Childers und der Spiletta, einer Tochter des Regulus, Sohnes des Godolphin, abstammte. Eclipse ist am 5. April 1764 während einer Sonnenfinsterniß geboren (daher sein Name) und den 17. Februar 1789 gestorben. 314 einer Söhne blieben Sieger auf der Rennbahn.

Die Zucht des Vollblutpferdes bildet eine eigene Industrie und es läßt sich nicht läugnen, daß aus vielerlei Gründen, deren Ausführung hier zu weit gehen würde und ungeachtet aller Sorgfalt, die man auch anderwärts auf dieselbe verwendet, England noch auf lange Zeit hin den Vorrang behaupten wird.

Das Rennpferd ist durch alle die Eigenschaften ausgezeichnet, die man beim Pferde Race, Adel, Feinheit und Blut nennt. Dahin gehören: außerordentlich dünne Haut, feines weiches Haar, seidenartige Mähnen, trockne Beine, scharf abgegrenzte Muskeln, große lebhafte Augen, feuriger kluger Blick, lange, aber feine und gut angesetzte Ohren, viel Temperament und eine große Empfindlichkeit gegen alle Arten Strafen.

Die ganze Bildung der einzelnen Theile erscheint zu schnellen Gangarten geeignet, wie: hoher Wuchs, langer schlanker Körper, feste Muskeln, trockner, kleiner, ein wenig nach vorn geneigter, indessen gut angesetzter Kopf, breites Oberhaupt, grader Vorderkopf, weite Nasenlöcher, breite Ganaschen, tiefer schmaler Brust=

kasten, lange und schräge Schultern, wenig entwickelter Bauch, aufgeschürzte Flanken, grader Rücken, horizontale Kruppe, gut angesetzter Schweif, starke, markirte Sehnen ꝛc. ꝛc.

Das Vollblutpferd ist klug, stark, lebhaft, voll Energie und vollbringt auf der Rennbahn Wunder an Schnelligkeit. Die guten Renner decken bei jedem Galoppsprung 5—7 Mètres*) Boden.

Folgende Zusammenstellung giebt einen Begriff von ihrer ungeheueren Schnelligkeit:

Pferde:	durchlaufener Raum nach Mètres:	Zeitdauer:	Folglich 1 Kilomèter in:
Flying Childers . . .	6,761	7',30"	1',06"
Bay Malten	6,436	7',43"	1',11"
Vittoria	4,000	5',03"	1',16"
Hercules	4,000	5',01"	1',15"
Eylau	4,000	4',51"	1',12"
Sylvio	2,000	2',27"	1',13"
Nativa	2,000	2',17"	1',08"
Fretillon	2,000	2',17"	1',08"

ꝛc. ꝛc.

Nach Artikel 7 der Bestimmung vom 26. April 1849 beträgt das Maximum der für die Rennen gewährten Zeit:

    2',40" für 2 Kilomèters**)
    5',20" „ 4 „
    5',05" „ 4 „ (für den größten Preis von 14,000 Francs.)

Mit diesen glänzenden Eigenschaften verbindet das Vollblutpferd manche Fehler. Es ist hartmäulig, ohne Elasticität des Ganges, difficil in der Führung, eigensinnig, oft böse, anspruchsvoll in seiner Wartung und Pflege und sehr empfindlich gegen schlechte Witterungseinflüsse. Das Rennpferd bedarf, um sich zu

---

  *) 1 Mètre = 3,186 Fuß Rheinländisch.
 **) 1 Kilomèter = 1000 Mètres; 1 deutsche Meile = 7,5 Kilomèters.

entwickeln reichlicher und sehr guter Nahrung, andernfalls büßt es an seinen edlen Formen ein, wird dickbäuchig, ohne daß andere edle Organe, wie die Brust und die Muskeln, sich in demselben Verhältniß entwickeln. Selbst ausgewachsen bedarf es derselben sorgfältigen Abwartung und des Schutzes gegen die Witterung, da seine so dünne Haut und sein feines Haar es nicht gehörig gegen die äußeren Einflüsse bewahren.

Der größte Fehler ist seine schwere Führung, sein heftiges Temperament, seine geringe Empfindlichkeit des Maules und somit sein Mangel der wichtigsten Eigenschaften eines Reit- oder Manègepferdes. Es kann daher nicht viel anders als zum Luxusdienst in den Städten und mehr vor einem leichten Wagen als zum Reiten verwendet werden, da es zu harte, für den Reiter ermüdende Gangarten hat. „Diese Fehler des englischen Pferdes sind es, sagt der General Foy, denen man die untergeordnete Bedeutung der englischen Cavallerie zuschreiben muß, die trotz der Bravour ihrer Soldaten bei einem Zusammenstoß mit einer gut commandirten Cavallerie stets den Kürzeren ziehen wird. Ein Soldat, der nicht Herr seines Pferdes ist, kann sich nicht gegen einen solchen vertheidigen, der ein geschmeidiges, lenksames, gehorsames Pferd reitet.

Ungeachtet seiner Fehler ist das englische Vollblutpferd indeß doch ein kostbares Pferd, das man in Europa viel zur Veredelung der alten Racen verwendet. In Frankreich wird es vorzugsweise zur Paarung mit Normännischen- und Carossiers Stuten und den schönen Percheronsstuten von Monboubleau, die schon einen schlanken Körper und leichte Formen haben, sowie ferner mit passenden Stuten aus dem Anjou, Côtes du Nord, Finistère, der Vendée ꝛc. ꝛc. verwendet. Die französischen Pferderacen sind arbeitsamer und langsamer, als die englische Race; es fehlt ihnen auch bisweilen an Feuer und Lebhaftigkeit, allein dies hängt fast immer von einer unzureichenden Ernährung ab, denn wo man ihnen reichlich Hafer füttert, lassen sie auch in dieser Beziehung nichts zu wünschen übrig. Eine Verbindung der Eigenschaften, welche das Rennpferd auszeichnen mit den Bedingungen der Kraft vieler französischen Racen, erzeugt jene vortrefflichen Kutschpferde, die als Anglo-Normannen berühmt sind. Dagegen haben die Paarungen mit den guten aber kleinen Pferderacen Lothringens, Navarras, der Departements Landes, Ariége, der Cerdagne, Rouergue, Auvergne und des Limousin, nicht immer die gewünschten Erfolge gegeben. Man hat oft schwache Producte erhalten, bei denen die Fehler des Vaters durch die Fehler einer mangelhaften Säugung und Aufzucht vergrößert wurden und Ausnahmen eigentlich nur da gesehen, wo eine reichliche Fütterung, Abwartung und Pflege stattfand.

Mit einem Worte also: Die Kreuzung englischer Vollblutpferde mit französischen Stuten hat nur da Erfolg, wo abgesehen von den individuellen Bedingungen, alle landwirthschaftlichen Verhältnisse günstig sind, wo reichliches Futter vorhanden ist, eine sorgfältige Aufzucht stattfindet und die jungen Thiere vor frühzeitiger Anstrengung bewahrt werden. Wenn daher das englische Pferd in verschiedenen Gegenden schlechte Producte geliefert hat, so kann man demselben durchaus nicht immer die Schuld beimessen; die Ursachen lagen vielmehr oft einzig und allein darin, daß die Stuten zu schwach waren, die Fohlen schlecht ernährt wurden, oder beide Momente zu gleicher Zeit ihren nachtheiligen Einfluß übten.

Das orientalische Pferd.

Den Namen „**Araber**" giebt man den Pferden, welche die ausgedehnten Landstriche bewohnen, die im Norden durch das mittelländische, schwarze, Caspische Meer und den Caucasus; im Osten durch die Ostgrenze Persiens; und im Süden durch eine Linie, die sich von dem südlichen Ende des rothen Meeres bis nach Marokko erstreckt, begrenzt sind.

Es ist also nicht Arabien im engeren Sinne, welches die größte Anzahl arabischer Pferde erzeugt; man kann sich vielmehr, um dergleichen zu kaufen, an die verschiedenen arabisch redenden Völkerschaften wenden, die sich auch meist auf gleiche Weise mit der Pferdezucht beschäftigen. Das will also einfach sagen, daß die Bezeichnung „**arabisches Pferd**" synonym mit der Bezeichnung „**orientalisches Pferd**" ist.

Das arabische Pferd ist mehr klein als groß, hat breite und kurze Lenden, geschlossene Flanken, wenig entwickelten Bauch, hohen Widerrüst, runde Rippenwölbung, weiten, tiefen Brustkasten, schön aufgesetzten feinen Hals, trockenen Kopf, breite Ganaschen, ausgeschnittene Kehle, gut angesetzte Ohren, großes ausdrucksvolles Auge, breite Stirn, graden oder leicht eingebogenen dicken Vorderkopf, weite Nasenlöcher („weit wie der Rachen des Löwen sagt der Araber"), starke, elastische Beine, sehr schräge Schultern, lange, breite, mit vorzüglich entwickelten Muskeln versehene Vorarme, breite Fesselbeine, ausgezeichnet markirte Sehnen, kleine Hufe, lange, horizontale, ziemlich fleischige Kruppe, sehr breite und dicke Schenkel, breite, schön gestellte Sprunggelenke ꝛc. ꝛc.

Nicht alle arabischen Pferde, selbst der besten Racen, haben indeß diese ausgezeichnete Bildung; viele sind zu leicht und klein. Niemals aber trifft man Pferde mit schlecht geschlossenen Flanken, langen Lenden, flachen Rippen, eingezogenem Brustkasten, langen und dünnen Beinen, wie leider allzuoft bei den europäischen Racen an. Bei den besten arabischen Pferden ist auch die Haut fein, geschmeidig und dünn, wie durchsichtig, das Haar kurz, außerordentlich fein, die Mähnen wenig reichlich, seidenartig, oft mit einem Silberglanze *).

Es ist nicht weniger durch seine Eigenschaften, als durch seine schönen Formen ausgezeichnet; stark, voller Energie, ruhig und ausdauernd erträgt es die größten Entbehrungen. Von wenig Gerste lebt es oft den ganzen Tag und kann auch 24 Stunden aushalten ohne zu saufen. Gelehrig und klug, leicht zu führen, hat es einen geschmeidigen, angenehmen und wenig ermüdenden Gang. Leider entwickelt es sich nur langsam und kann erst spät verwendet werden, dafür ist es aber von sehr langer Dauer und behält bis im spätesten Alter alle seine ausgezeichneten Eigenschaften bei.

Gewöhnlich werden die Benennungen Nebji (vom innern Arabien), auch Koheil, auf die schönsten Individuen angewendet. Die Bezeichnung Koheil (die fünfe) ist angeblich von den Namen der fünf berühmten Stuten des Propheten Mohammed: Koheil Agjus, K. Gjutsu, K. Massatische, K. Meneghie, K. Seglavi entnommen.

In den Uferstrichen des Caspischen, rothen und östlichen Theiles des mittelländischen Meeres, findet man auch die 3 Typen, die beim algierischen Pferde (S. 82) aufgeführt sind. Ebenso beschreibt man als verschiedene Racen, die persischen, circassischen und türkischen Pferde, indeß kann man diese besser

---

*) cfr. Jacoby's Pferdebekenntniß: Das arabische Pferd.

nach den Gegenden, welche sie bewohnen, als nach ihren Characteren abgrenzen.

In den reichen Thälern Persiens werden große Pferde, ähnlich denen von Tunis gezogen. Die in den weniger fruchtbaren Gegenden vorkommenden persischen Pferde sind schneller als jene, aber weniger schön gebildet als die eigentlichen arabischen Pferde.

Mehr im Norden, an den östlichen und nordöstlichen Ufern des Caspischen Meeres, kommen die als Circassier, Turkomannen und Tartaren bekannten Pferde vor. In den Gebirgsgegenden und unter dem Einflusse eines rauhen Klimas erzogen, sind diese Thiere stark und fest, von ungeheurer Ausdauer, können die größten Entbehrungen ertragen, lassen aber hinsichtlich ihrer Formen manches zu wünschen übrig. Sie haben einen schweren Kopf, starken Hals und lange und üppige Mähnen.

Die Pferde, welche man als türkische bezeichnet, gehören einer der beiden vorigen Categorien an. Die mit großem Kopfe und langer Mähne kommen aus den gebirgigen Gegenden, von den Ufern des schwarzen Meeres und werden vorzugsweise als türkische beschrieben.

Das schöne arabische Pferd nimmt auf der ungeheuren von ihm bewohnten Fläche keine Gegend vorherrschend ein. Man hat zwar lange Zeit geglaubt, daß, um die besten Hengste zu erlangen, man sich tief in die von den Muselmännern bewohnten Gegenden begeben müsse, und daß die Pferde, welche man an den Grenzen derselben, in Constantinopel, Aleppo u. s. w. kaufe, gemeinen Ursprungs wären, auch hat man als eigentliche Araber nur die Nedjis im Innern Arabiens gelten lassen wollen, allein viele Erfahrungen haben uns eines Andern belehrt. Der Darley (S. 87) war in Aleppo gekauft; der Godolphin ein Berber Pferd; der Bierley stammte aus den Donauprovinzen; der Karschane kam aus Syrien; Tajar, der in Oestreich starb, war zu Djizeh im mittlern Aegypten geboren; der Habbani Blanc im Gestüt zu St. Cloud, war von einem syrischen Bebuinenstamm erzogen worden u. s. w. Schöne arabische Pferde werden in Persien, Syrien, der Türkei, Arabien, Aegypten und im ganzen nördlichen Afrika gezogen, allein sie sind überall selten. Frankreich hat lange Zeit hindurch in den für die Zucht arabischer Pferde renommirtesten Gegenden Agenten unterhalten, um Hengste zu kaufen, allein ungeachtet des Interesses, welche diese am Kaufe hatten, schickten sie alljährlich nur eine sehr kleine Anzahl und nicht einmal immer grade ausgezeichnete Thiere nach Hause. Man muß indeß erwägen, daß nicht in der arabischen Race allein die schönsten Thiere seiten sind. Wie viel Pferde haben denn z. B. die Engländer gezogen, die dem Eclipse geglichen hätten, obgleich doch die Vollblutzucht sehr ausgebreitet betrieben wird. Und so ist es immer gewesen! Viele Schriftsteller, welche über Pferderacen geschrieben, haben angegeben, daß diese oder jene ausgeartet wären, weil Alle das als eine Ausnahme zur Zeit ihrer Mittheilungen annahmen, was der eigentliche normale Zustand in der Pferdezucht war.

Im Ganzen bleibt in hippologischer Beziehung noch vieles zu ermitteln übrig. Es wäre gewiß wünschenswerth, z. B. zu erfahren, welche Küstenstriche des rothen, mittelländischen und caspischen Meeres am meisten Pferde aufziehn und besonders welche geologischen und climatischen Verhältnisse die Zucht begünstigen; warum gewisse Thäler und Erhebungen in Syrien und Aegypten mit größerem Vortheil Mutterstuten und Füllen halten können, als andere? Denn um das Studium der Thierproduction nutzbar zu machen, muß man Ermittelungen über die Beschaffenheit des Bodens und Klimas, den Modus der Aufzucht, den Handel, die Sitten der Einwohner u. s. w. damit verbinden.

Der größte Markt für arabische Pferde ist gegenwärtig in Bagdad an den Ufern des Tigris und in Bassora, nicht weit vor der Mündung des Euphrat. Die Engländer sollen auf den dortigen Märkten jährlich einige Tausend Pferde für ihre Colonien kaufen.

Man hat oft erzählt, daß der Eigenthümer zur Zeit des Gebärens einer Stute in Gegenwart von Zeugen einen schriftlichen Act über die Geburt des Fohlens aufnähme; ferner, daß es in Arabien Pferde gäbe, deren Stammbaum bis auf die Hengste Salomons oder wenigstens bis auf die Stuten Mahommeds (S. 93) reiche, allein in vielen Stämmen giebt es nicht eine einzige Person, die da schreiben und lesen könnte. Die Beduinen bewahren keine Art schriftlicher Documente und führen auch kein Geschlechts=register, sondern sie geben nur den Vater und die Mutter ihres Fohlens an. Herbert, der interessante Details über diese Punkte gegeben hat, fügt hinzu: „Beim arabischen Pferde legen allein die schönen Formen und Eigenschaften Zeugniß für seinen Ur=sprung ab."

Die Araber schätzen Stuten höher als Hengste, nicht etwa weil sie glauben, daß sie mehr Einfluß auf die Bildung des Fohlens hätten, sondern, wie der General Dumas uns erklärt hat, weil sie leichter aufzuziehn sind, angenehmere Dienste leisten und durch Fohlenzucht mehr einbringen. Sie behalten daher ihre Stutfüllen und verkaufen die Hengstfohlen. In manchen Gegenden würde es der Hengstbesitzer für schimpflich halten, wenn er Sprunggeld nähme, in andern läßt er sich für jeden Sprung etwa 1 bis 2 Thaler bezahlen.

Die Aufzucht der Fohlen geschieht mit großer Sorgfalt und Liebe. Die Thiere wohnen in demselben Zelte, erhalten Kameels=milch, Gerste und oft etwas Kameelsfleisch, die Kinder des Be=duinen spielen den ganzen Tag mit ihnen herum und so bleiben sie in beständiger Beziehung zu der Familie ihres Herrn und werden in Folge dieser guten Behandlung außerordentlich sanft und menschenfreundlich.

Im Allgemeinen beginnt die Abrichtung der Fohlen sehr frühzeitig. Der folgende durch den General Dumas veröffentlichte Brief beweist die Wichtigkeit, welche die Araber auf diesen Punkt legen:

„Während meines langen Aufenthaltes unter den Stämmen habe ich mehr als 2000 Fohlen aufziehn sehen und ich bestätige, daß alle, bei denen die Abrichtung frühzeitig und auf eine zweckentsprechende Weise geschah, gelehrige und sehr leistungsfähige Thiere geworden sind. Meine Ansicht in dieser Hinsicht ist so fest und auf eine lange Erfahrung begründet, daß, als ich vor einiger Zeit zu Cairo einige Pferde kaufen wollte, ich ohne Weiteres alle diejenigen mir vorgeführten zurückstellte, die erst spät zum Reiten verwendet worden waren".

„Wie hast Du Dein Pferd aufgezogen? war immer meine erste Frage".

„Herr, erwiederte mir ein Einwohner aus der Stadt, dieser Fuchs ist bei mir so sorgfältig groß gezogen, wie meine eigenen Kinder, er ist gut gefüttert und sehr geschont worden, denn ich habe ihn 4 jährig zum ersten Male geritten. Seht nur, wie wohl genährt er ist und wie gut seine Beine sind."

„Dann, mein Freund, behalte ihn; er ist Dein und Deiner Familie Stolz; ich würde meinen weißen Bart schänden, wollte ich ihn Dir rauben."

„Und Du! fragte ich darauf einen Araber, den ich als einen ächten Wüstensohn erkannte, so gebräunt war er von der Sonne, wie hast Du Dein Pferd aufgezogen?"

„Herr, erwiederte er mir, frühzeitig habe ich seinen Rücken an den Sattel und sein Maul an das Gebiß gewöhnt, oft habe ich mit ihm die Wüste durcheilt; viele Tage hat es ohne Wasser und viele Nächte ohne Futter verbracht; es ist mager, das ist wahr, aber wenn Ihr einem Wegelagerer begegnet, so wird es Euch nicht in Stich lassen. Ich schwöre es Euch u. s. w. — —"

„Bindet den Apfelschimmel an mein Zelt, sagte ich zu meinen Dienern und gebt dem Manne sein Geld."

Sid Hameb ben Mohammed,
Kalif von Medjana.

Wenn man die Eigenschaften und Fehler des arabischen Pferdes mit denen der französischen Racen vergleicht, so wird man beurtheilen können, was man von seiner Benutzung als Beschäler erwarten kann; es wird die Reitracen verbessern können, die einen schweren Kopf, kurzen, dicken, mit einer starken Mähne versehenen Hals, kurze Beine, grobes Haar haben oder denen es an Feuer und Lebendigkeit fehlt. Eine solche Kreuzung hat denn auch in vielen Orten in Morvan, Lothringen, den Ardennen, der Bretagne ꝛc. recht gute Resultate bewirkt, indem die kräftigen Formen der Mutter mit der Energie, der Sanftmuth und Gewandheit des Vaters zweckmäßig vereinigt worden sind.

Das arabische Pferd kann aber auch die feinen französischen Racen verbessern, deren Kopf lang, vorn gewölbt und deren Hals gebogen ist. Es eignet sich überhaupt zur Bedeckung aller solcher Stuten des leichten Cavallerieschlages, die mehr Körper haben als es selbst besitzt. Daher hat man mit Vortheil das arabische Pferd in dem Rhônedelta, auf den Pyrenäischen Hochebenen, in der Cerbagne, dem Ariége, der Auvergne, dem Limousin u. s. w. verwendet, wo es große Dienste zur Zucht von Reitpferden, für die sich diese Gegenden, wie bereits angeführt, vorzugsweise eignen, leistet.

Dagegen hat die Erfahrung oft gezeigt, daß aus einer Paarung des arabischen Pferdes mit Carossiers oder großen schweren französischen Stuten, zu kleine oder solche Fohlen, deren Beine zum Körpergewicht zu schwach waren, entstanden sind. Auch muß man nicht glauben, daß die Kreuzung mit arabischem Blute überall

da vortheilhaft ist, wo man Cavallerie Pferde züchten will. Dazu
gehört außerdem noch während des ersten Lebensjahres eine kräftige
Ernährung mit Körnern und gutem Heu. Nach dieser Zeit ge=
nügen allenfalls Weiden, vorausgesetzt, daß sie von guter Be=
schaffenheit und hinreichend bestanden sind. Allerdings wird man
durch bloßen Weidegang nicht grade die schönsten Thiere erhalten,
indeß auch keine Einbuße haben, selbst wenn man nicht im Stande
wäre, 4 jährige Pferde theurer, als 1000 bis 1200 Fr. zu ver=
kaufen.

In derselben Weise wie Einige alle französischen Racen durch
das Vollblut verbessern wollen, Andere dagegen es absolut ver=
werfen, hat man auch das arabische Pferd beurtheilt. Es sollte zu
schwache, kleine Pferde, die weder für den Luxus, noch für die
leichte Cavallerie geeignet sind, erzeugen, während Andere in ihm
das reine Blut par excellence, den einzigen richtigen Typus
sahen, der im Stande sei, allen französischen Racen Eleganz,
Energie, Ausdauer, Genügsamkeit zu verschaffen und sie fähig zu
machen, selbst auf mittelmäßigen Weiden zu gedeihn.

Wir können nicht einsehn, warum bei einer zweckmäßigen
Aufzucht das arabische Pferd nicht zur Zucht von Reitpferden ge=
eignet sein sollte, aber wir glauben auch nicht, daß es größere
Pferde, als es selbst ist, zu produciren vermag, wofern man es
eben nicht mehrere Generationen hindurch verwendet und die Fohlen
sehr gut ernährt. Dann natürlich wird in Folge der reichlichen
Füterung eine größere Körperentwickelung nicht ausbleiben.

Das französische Vollblut.

Was heißt Vollblut? Diesen Ausdruck auf das Pferd angewendet, sagen die Engländer, bedeutet diejenige Beschaffenheit des Körpers, die das Thier zu einer außerordentlichen Leistungsfähigkeit geeignet macht. Das Blut, fügen sie hinzu, darf niemals als ein für sich bestehendes, von den Organen unabhängiges Ganzes betrachtet werden.

In derselben Weise versteht man auch in Frankreich diese Bezeichnung. Wenn man also sagt, ein Pferd hat Blut, so soll nicht allein damit gemeint sein, daß es Energie, Feuer u. s. w., sondern daß es auch gewisse äußere Eigenschaften besitzt. Daher sagt man nicht von einem Boulogner Hengste, wie groß auch sein Muth sei, er habe Blut, ebensowenig von einem Bretagner Klepper, und wenn er so lange unter dem Reiter ginge, bis er vor Erschöpfung umfiele, aber man bedient sich dieses Ausdrucks, indem man von einem Pferde spricht, das durch seine feine Haut, sein seidenartiges Haar, seine horizontale Kruppe, seinen gut angesetzten Schweif, breiten Vorderkopf, dem arabischen oder Rennpferde gleicht, wäre auch ein vollständiger Mangel an Kraft und Feuer vorhanden.

Wenn man also arabisches oder englisches Blut in Frankreich einführt, so will man nicht das Blut dieser Thiere den französischen Racen einverleiben, man will ihren ganzen Bau, ihren leichten Kopf, ihre weiten Nasenlöcher, ihre geräumige Gehirnhöhle, ihre kräftigen Muskeln und ihre Energie verpflanzen.

Man weiß ferner, daß die Beschaffenheit des Blutes durch verschiedene äußere Einwirkungen, Nahrungsmittel und Luft bebingt wirb. Ein in Frankreich eingeführter arabischer Hengst theilt nicht nur nicht sein Blut seinen Nachkommen mit, es verändert sich sogar bei ihm selbst. Höchstens kann er eine besondere Fähigkeit der Assimilation der Nahrungsmittel und der Blutbildung übertragen, aber dies Blut weicht von dem, welches der Hengst in den arabischen Wüsten producirt hätte, ab.

Um französisches Vollblut, d. h. eine Race edler Pferde, die für den Boden, das Klima, die übliche Art der Unterhaltung geeignet sind, zu erhalten, kann die Einführung fremder Hengste wohl ein vortreffliches Mittel abgeben, es ist indeß immer nur von untergeordneter Bedeutung. Denn bringen wir z. B. das Pferd in einen warmen, geräumigen und luftigen Stall, hüllen wir seinen Körper in Flanell, ernähren wir es gut, bewahren es vor Kälte, Regen und Wind, die die Haut dick und das Haar rauh machen, halten wir die Fohlen recht sauber, behandeln sie mit Sanftmuth, suchen wir durch eine geschickte Dressur den Rumpf und die Gliedmaßen zu verlängern, verwenden wir gute Hengste, die auf die angegebene Weise bereits herangebildet sind, dann werden wir eine edle französische, der arabischen so ähnliche Race erzeugen, als es nur immer der Einfluß des Klimas und die Ernährung gestattet. Wenn wir dagegen auf der andern Seite die Erziehung der Fohlen vernachlässigen, sie der schlechten Witterung aussetzen, mit grobem Futter ernähren, so werden wir, trotz aller wiederholten Einführungen von Vollblut Racen, nur Thiere mit harter Haut, langem Haar, groben Mähnen, dickem Bauche, weichem Fleische und lymphatischem Temperamente erhalten. Die Nachkommen der schönsten Stuten und der edelsten Hengste werden schon nach einigen Generationen alle Eigenschaften, die ihre Vorfahren auszeichneten, verloren haben.

Wir glauben zwar nicht, daß man weder die eine, noch die andere dieser Aufstellungen bestreiten kann, indeß wird es selbstverständlich Niemand in Sinn kommen, französisches Vollblut gewissermaßen aus sich selbst, d. h. durch die Wartung und Ernährung allein zu schaffen. Wir wollen auch nur gesagt haben, daß man auf die bloße Einführung des arabischen oder englischen Vollblutes nicht das ausschließliche Gewicht legen muß, sondern daß auch die Mitwirkung der andern angegebenen Bedingungen von wesentlicher Bedeutung ist.

Gewöhnlich wendet man die Bezeichnung Vollblut auf die arabische und Rennrace an, obgleich letztere viel jüngern Ursprungs ist. Sie hat indeß durch eine sorgfältig fortgesetzte Reinzucht so viel Gleichartigkeit erlangt, ihre Eigenschaften vererben sich mit so viel Constanz, daß sie, ebenso wie die arabische Race, vorzugsweise zur Verbesserung und Veredelung anderer Racen geeignet ist.